KARL HEINRICH MARX

KARL HEINRICH MARX

por Marco Antonio Gómez Pérez

Grupo Editorial Tomo, S.A. de C.V.
Nicolás San Juan 1043
03100 México, D.F.

1a. edición, junio 2003.
2a. edición, febrero 2005.

© Grupo Editorial Tomo, S.A. de C.V.
Karl Heinrich Marx

© 2005, Grupo Editorial Tomo, S.A. de C.V.
Nicolás San Juan 1043, Col. Del Valle
03100 México, D.F.
Tels. 5575-6615, 5575-8701 y 5575-0186
Fax. 5575-6695
http://www.grupotomo.com.mx
ISBN: 970-666-720-2
Miembro de la Cámara Nacional
de la Industria Editorial No 2961

Proyecto: Marco Antonio Gómez Pérez
Diseño de Portada: Trilce Romero
Formación Tipográfica: Servicios Editoriales Aguirre, S.C.
Supervisor de producción: Leonardo Figueroa

Ninguna parte de esta publicación podrá ser reproducida
o transmitida en cualquier forma, o por cualquier medio
electrónico o mecánico, incluyendo fotocopiado, cassette, etc.,
sin autorización por escrito del editor titular del Copyright.

Impreso en México - *Printed in Mexico*

Contenido

Prólogo	7
1. Revolución Industrial	11
Nace Karl Heinrich Marx.	14
Dos escritos llenos de ideas	17
Ingreso a la universidad	19
Declara su amor a Jenny	22
2. Cambio de profesión y vida.	33
Otro periódico..., otra prohibición	42
Los esposos Marx en París.	44
Karl Marx/Friedrich Engels	51
Malos años para Marx	53
Revoluciones en Europa	61
3. Lastimosa estancia de la familia Marx en Londres	67
Proceso en Colonia	74
Más penurias económicas	77
¿¡Cómo empezar un negocio!?	79
Fallece la esposa de Engles	80

4. Karl Marx, hombre de estudio
   y carácter fuerte 85

   Metodología 85
   Enfermedades de Marx 91

5. ...¿Y qué sucede con los movimientos
   sociales mundiales? 95

   "Conmigo o contra mí" 97
   Contra Lassalle 101

6. La internacional de trabajadores 109

   La guerra afecta a la internacional 114
   Importancia de la internacional 120

7. ¿Y qué hay de la familia Marx? 123

   Hijo natural de Marx 124
   Das Kapital 127

8. Últimos años en la vida de Marx 135

   Un duro golpe para Marx: inicia
   el viaje del no retorno 136
   Soporta una última muerte dolorosa 138

Principales obras de Karl Marx 141

Libros de consulta 143

Prólogo

Karl Heinrich Marx es, con toda seguridad, uno de esos personajes indispensables en la historia humana de todos los tiempos, ya que desde que nace está marcado para llevar a cabo grandes aportaciones filosóficas, políticas, religiosas, sociales, matemáticas y científicas, por mencionar solamente las que más domina, mismas que trascenderán su espacio y tiempo.

Estudioso desde niño, tienen influencias de los grandes pensadores que lo anteceden en su época, Aristóteles, Platón, Immanuel Kant, Friedrick Hegel. Diderot, Voltaire, Jean Jacques Rousseau y hasta de dramaturgos como el inglés William Shakespeare y el escritor francés Dante Alighieri. De todos ellos extraen sabiamente su ciencia y esencia y las une a su propia forma de ver la vida y a la sociedad que la rodea, injusta a todas luces, porque está en una etapa de transición, apenas saliendo dejando atrás el latifundismo y entrando en la época revolucionaria de la industria, con toda su intrincada gama de relaciones obrero patronales que cambiarán para siempre las concepciones económicas, sociales y laborales del siglo XIX y siguientes.

Marx sabe distinguir esas relaciones, las analiza, las abstrae y finalmente las conceptualiza en escritos para que puedan llegar a la mayoría de personas, principalmente al proletariado, pero curiosa y contradictoriamente, no son ellos quienes las leen, sino principalmente los dueños de los medios de producción, es decir, de las fábricas en las cuales trabajan los obreros, mismos que producen una ganancia más allá de lo que les es retribuido económicamente en forma de salario y que incrementa el capital económico de los dueños de esas factorías.

Karl no cree en los cambios sociales sencillos y paulatinos, sino que siempre piensa que los movimientos revolucionarios deben ser violentos, que sacudan a las sociedades que las originan para lograr un equilibrio más justo y distributivo entre el proletariado y los pequeños burgueses, dueños del dinero, por lo que no es de extrañar que con este tipo de señalamientos, los señores que poseen las riquezas y muchos de los que gobiernan, lo marquen y traten de separarlo y aislarlo para que su influencia no llegue hasta el sector más sensible de la naciente sociedad industrial, el proletariado y las clases más pobres, ya que, como no tienen nada que perder, son los impulsores de las revoluciones y esto espanta a la clase pudiente de cualquier estrato social.

Por estas razones es deportado, expulsado vamos, de su natal Alemania, de Bruselas, de París, hasta que logra establecerse en una sociedad que le permitirá y facilitará los mejores elementos para sus estudios y análisis profundos y que además, la historia le atribuye el mérito de ser la iniciadora de la revolución industrial; la inglesa.

Allí se establecerá con su esposa, la siempre bienamada Jenny, conocida como la baronesa de Westphalen (Westfalia) y sus hijas, las únicas sobrevivientes de enfermedades y miserias en las que vive la familia Marx durante muchos años, perdiendo a todos sus hijos varones y luego, tanto Karl como Jenny también fallecen por la terrible enfermedad heredada de padres y abuelos de los dos, tuberculosis.

Solamente se conoce un amigo sincero e incondicional de Marx, Friedrick Engels, quien, a pesar de ser lo que hoy se denomina como "junior", sabe encontrar en Karl no solamente una amistad que nunca se romperá, sino al pensador y crítico de la sociedad y de otros eruditos como ellos, pero con diferentes raíces y caminos por seguir.

Karl Marx y su obra, como sucede con demasiada frecuencia, lamentablemente, son reconocidos plenamente después de su muerte en 1883, cuando muchas de sus teorías empiezan a aplicarse en varias de las sociedades europeas y americanas; incluso su nombre es utilizado como sinónimo de igualdad, de justicia y progreso social, aunque también de cambios bruscos y revoluciones sangrientas, así, al morir él, nace el marxismo como una doctrina que traerá muchos dolores de cabeza a los países más desarrollados del siglo XX, al ser asociado con el comunismo, una forma de gobierno que no respeta los tradicionales símbolos y creencias de su época.

Incluso, pronunciar su nombre también significa que se es revolucionario, pero no los que define Marx como tales, sino a todo tipo de revoltosos que solamente quieren hacer daño a las economías denominadas capitalistas. Nada está más alejado de Karl que esta definición de quienes gobiernan injusta, arbitraria y parcialmente al mundo, por lo que los países que se declaran socialistas o comunistas, desde su nacimiento, son y seguirán siendo atacados por los capitalistas, siempre en aras de lo que ellos afirman: la libertad de elegir la forma de vida de cada quien.

Y aunque las obras de Karl Heinrich Marx son complejas y muy elaboradas, durante todo el siglo XX sirven de base para forjar teorías aún más complejas que solamente entienden los economistas doctorados en universidades estadunidenses, francesas o inglesas y alejándose de la clase a la que van dirigidos: el proletariado.

Lo que nadie podrá hacer, es borrar el inmenso legado que Marx dejó para traspasar su época y si ya en el inicio del siglo XXI muy pocos se acuerdan de él, sus conocimientos y metodología de estudio están accesibles para aquellos que se sientan atraídos por una forma de conocer y saber diferente y meticuloso.

Este es Karl Heinrich Marx y el presente trabajo, es solamente un recuento biográfico de él, de parte de su obra pública y privada, de ese hombre, robusto, barbado, de ojos penetrantes y de pensamiento e ideas aún más. Este es el Marx humano, el que tiene debilidades y contradicciones y nadie, absolutamente nadie, está exento de ellas, si no, quien crea lo contrario, que lance la primera piedra...

1
Revolución Industrial

Al iniciar el siglo XVIII, ya se han aportado todas las innovaciones tanto en cambios sociales como en forma de gobernar que han de conducir a la revolución industrial. Estas aportaciones son la concentración efectiva del trabajo en vastas construcciones conocidas posteriormente como fabricas, impuesta por una serie de exigencias, entre ellas la división del trabajo y en donde los obreros, los que trabajan en ellas, se cuentan, ya por centenares. El perfeccionamiento gradual de la máquina de hilar iniciada por Higgs y perfeccionada por Arkwright, son los primeros en aplicar la fuerza del agua para moverla; en utilizar el carbón mineral para la fundición del hierro en altos hornos; en la decisiva difusión y aceptación del algodón en las distintas clases sociales, con todas sus enormes ventajas sobre la lana y seda.

El invento de la máquina de vapor por parte del ingeniero mecánico escocés, James Watt, también facilita enormemente los transportes y la existencia de mercados casi inagotables en las nuevas tierras descubiertas de América.

Así, todas las condiciones y materiales sociales e industriales están a punto para una de las revoluciones más importantes de todos los tiempos: la existencia de máquinas y medios para fabricarlas, la utilización de materia prima, fuerza a discreción de trabajadores y finalmente, consumidores. Falta romper con las ideas económicas dominantes y las limitaciones del régimen colectivo y de ahí a la invocación de las leyes naturales de las cuales nace la moderna ciencia llamada economía política.

Una curiosa anticipación de lo que puede ser una revolución industrial, la ofrece el invento de la imprenta a mitad el siglo XV, es decir, el paso al libro de una reducidísima producción manuscrita a la producción prácticamente ilimitada que proporcionan las prensas. El resultado en el nuevo orden social, es una famosa huelga, la primera de la era moderna, que se lleva a cabo en Lyon, Francia en 1539, misma que se extiende a París y no queda totalmente resuelta hasta que transcurren 34 años más; es el inicio, apenas los primeros movimientos de la revolución industrial que llegará a su punto más importante durante el siglo XIX.

En pocas palabras, la revolución industrial empieza con la burguesía, cuando esta clase social pudiente llega al poder destruyendo las estructuras feudales y creado un orden favorable al desarrollo del capitalismo. Con estas nuevas estructuras económicas de los países occidentales de finales del siglo XVIII y principios del XIX y en virtud de la mecanización de la industria, permiten el desarrollo del comercio y los medios de locomoción, extendiendo su radio de influencia proporcionalmente al avance de las vías del ferrocarril.

En este ambiente de enormes cambios sociales, políticos y sobre todo económicos viven los padres de Karl Marx en Tréveris, ciudad al suroeste de Alemania, en el estado del Palatinado Renano, a la orilla derecha del río Mosela, cerca de la frontera con Luxemburgo.

Su padre, Heinrich Marx, es de origen judío con ascendientes que llegan hasta el siglo XVI, con familiares rabinos que han hecho muchos comentarios sobre el viejo testamento. Es el racionalista perfecto, totalmente absorbido por las ideas francesas del siglo XVIII con respecto a la religión y la ciencia.

Y su madre, Henriette Pressburg desciende de hebreos

húngaros quienes en el siglo XVII han emigrado hasta Holanda, por lo tanto, es fácil deducir que el pequeño Karl pronto es circuncidado para cumplir con las leyes judías aplicadas a los hijos varones recién nacidos.

El primogénito, Moritz-David fallece en 1815, (el mismo año en que Tréveris pasa al poder de Prusia, después de pertenecer a los franceses) poco tiempo después de nacer. Sus otros hermanos: Hermann, Henriettes, Karoline y Eduard, fallecerán de tuberculosis después de que Karl deja el hogar paternal en 1836, a los 18 años. Por lo tanto, le quedan tres hermanas más: la mayor de nombre Sophie, esposa de Schmalhausen, un abogado de Maastricht; Louise, la menor quien será esposa de Juta, un aspirante a notario que la llevará a vivir a África del Sur y Emilie, quien contraerá nupcias con Conradi, un ingeniero de Tréveris. Así, con esta familia numerosa, transcurre la infancia y juventud de Karl Marx.

Un año después del nacimiento de Karl, su padre es designado consejero legal en 1819, por lo que compra una casa en Simeonstrasse número 8, cerca de la Porta Nigra.

En ésta época, la situación judía en Alemania es considerada, por lo menos, de curiosa, ya que está divida en culta, misma que es perseguida, oprimida y reprimida con vejaciones y privados del más mínimo derecho como humanos y por otro lado, están los usureros, los que se embravecen en los campos, especialmente los que están cercanos a Tréveris, ahogando a los pobres campesinos con manipulada y refinada indignidad.

Sin embargo, tanto la población en general como los gobernantes, manifiestan abiertamente su apoyo a los hebreos, halagándolos profusamente y protegiéndolos con generosidad "porque promueven el comercio, las manufacturas y las fábricas", como llegan a decir públicamente algunos soberanos alemanes.

El padre de Karl es un ilustre y hábil abogado con grandes deseos de ser consejero de justicia del gobierno. Esta ambición solamente puede satisfacerla si cumple con un reglamento que afecta a los judíos: o se bautizan y cristianizan o se olvidan de ambiciones políticas, por lo que, sin pensarlo mucho, el abogado se transforma en cristiano protestante, junto con su familia, aunque es injusto decir que lo hace exclusivamente con fines económicos y políticos, ya que no olvida sus raíces judías pero las emplea para enseñar a su hijo Karl la dedicación y constancia en el estudio y en lo referente a Dios, únicamente le dice: "Ten la pura creencia en Dios" para no comprometerlo con alguna religión en especial.

Los hijos de Heinrich Marx son bautizados el jueves 26 de agosto 1824 y su esposa Henriette el domingo 20 de noviembre de 1825, debido a que su padre aún vive esperan a que fallezca para evitarle un disgusto y una ruptura mayor con sus familiares.

Nace Karl Heinrich Marx

Este personaje que cambiará al mundo en muchos sentidos, Karl Heinrich Marx nace el martes 5 de mayo de 1818, siendo el segundo y por mucho, el más sobresaliente de ocho hijos, quien además, será considerado como un *hombre de fortuna,* un *Gluckskind,* como dicen los alemanes.

Karl Marx vive sus primeros años en un ambiente de exquisitez y refinamiento burgués aristocrático, tiempo en el cual conoce y frecuenta al barón Louis von Westphalen, un hombre librepensador y extremadamente culto, quien algunos años más tarde se convertirá en el segundo padre ideológico de Karl, después de su progenitor y en la cual, su madre, no forma parte de ella en absolutamente nada, más que para cuestiones económicas.

Casi desde que el pequeño Marx tiene uso de razón, su padre le dedica horas de lectura a obras de François Marie Arouet **Voltaire,** Denis **Diderot,** Jean Jacques **Rousseau,** Paul Heinrich Dietrich barón de **Holbach,** Immanuel **Kant** y Gotthold Efraim **Lessing,** formándole racionalmente al pensamiento del siglo XVI e inyectándole su liberalismo, movimiento del que participa activamente en su época, ostentando una devoción a la monarquía absolutista de Prusia con el tiempo pasará al último término.

Por su parte, el barón von Westphalen es el encargado de administrar al pequeño Karl Heinrich una enorme cantidad en calidad de cultura romántica, teniendo toda la autoridad paterna para corregirlo y completar su instrucción en este sentido, por lo que juntos, también leen a otros clásicos como William **Shakespeare, Homero,** Heinrich **Heine** y Miguel de **Cervantes** Saavedra. Es aquí donde conoce a la pequeña hija de su instructor, a Jenny, baronesa von Westphalen.

La hija del barón nace en Salzwedel en 1814, exactamente cuatro años antes que Karl, siendo compañeros de juegos y aventuras, ignorando que, al cabo de los años, se convertirán en una pareja de esposos que probarán al mundo lo que es ser fiel al consorte en circunstancias verdaderamente dramáticas y de pobreza que raya en la miseria.

Marx destaca en sus estudios escolares, sobre todo en aquellos en que se requiere abstracción, deducción y creación, teniendo que sufrir la censura de inspectores prusianos, quienes, superados por el alumno, dedican mucho tiempo y esfuerzo en atajar y destruir toda la literatura que consideran "ilegal" y aunque el director del colegio en que estudia Karl es considerado progresista, no puede impedir la intromisión de estos censores. A pesar de esto, el pequeño tiene la fortuna de vivir en el estado más liberal de Prusia, rodeado de una familia que lleva el espíritu de la ilustración del humanismo burgués que viven Europa y Francia principalmente, después de su revolución.

Las enseñanzas que recibe Karl también provienen, como se apunta líneas arriba, de su padre, quien en 1834 habla públicamente de sus creencias liberales y de la oposición al régimen de gobierno de su época, por lo que en enero de ese año, siendo uno de los oradores invitados a un club social llamado *El Casino*, en un banquete en honor de los diputados de Tréveris, en el Parlamento de Renania, Heinrich comenta al respecto de las promesas incumplidas del rey para crear una Constitución: "A este gobernante debemos agradecerle su magnanimidad por las primeras instituciones de representación popular. El poder supremo y absoluto ha creado por propia voluntad asambleas de los Estados para que la verdad llegue hasta los peldaños de su trono".

Implicado injustamente en otras actividades contra el monarca, Heinrich Marx está considerado por los gobernantes como un hombre "de cuyo comportamiento y compromiso nada cabe esperar en la crisis prusiano-renana". Por lo que, para cuando Karl ya tiene dieciséis años, su padre sufre de persecuciones políticas que no pasan inadvertidas para él e incluso, simpatiza con la causa de los profesores liberales haciendo críticas a los conservadores.

Karl Marx desde 1830 hasta 1835 estudia en el instituto católico jesuita Friedrich Wilhelm de su natal Tréveris, en donde frecuenta el viejo gimnasio, logrando convertirse en un joven robusto, lleno de vigor, espontáneo y fresco en su pensamiento y actividad escolar. El director del colegio, Wyttembach, es sumamente respetado por la población pero no así por las autoridades, ya que es de pensamiento liberal de origen kantiano.

Este director es el maestro de Historia de Karl y también influye en el joven estudioso, quien al final de esos cinco años de educación en el instituto, correspondiente al bachillerato, obtiene excelentes calificaciones en materias como lenguas clásicas, alemán e historia y no tan buenas en matemáticas y francés. Gracias a estos conocimientos, el joven Marx es un experto en redacción aunque es acusado de hacerlo con el vicio de un amor excesivo al barroquismo y la metáfora. También tiene la enorme habilidad de traducir a los clásicos latinos por difíciles que sean y con el tiempo mejoran ostensiblemente sus conocimientos de francés, religión y matemáticas, un poco menos en física y excelentes en Historia y Geografía.

Dos escritos llenos de ideas

La inteligencia de Marx se manifiesta día a día, es un ser pensante que expresa con claridad sus ideas y las plasma en escritos como el que le sirve para su examen de religión que él titula: "Causa, esencia, necesidad y efectos de la unión de los creyentes en Cristo, según san Juan 15:1-14" en donde concibe al cristianismo no como religión sino como una cuestión de ética, en la cual "Sólo gracias a Cristo los hombres han conquistado una virtud pura y cristalina, inalcanzable para los pueblos antiguos, paganos. La unión con Cristo es necesaria porque eleva interiormente, consuela en las penalidades. Serena la esperanza y permite un corazón abierto al amor de todos los hombres, a todo lo noble, a todo lo grande, no por ambición ni sed de gloria, sino por Cristo".

Contrario a lo que parece, varios eruditos y expertos en vida y obra de Karl Marx no ven aquí ninguna expresión de fe sino simplemente una exposición de ideas para aprobar un examen de teología, ya que reduce el dogma a la simple moral, dando a entender que es el amor y el sacrificio de los hermanos lo que mueve al mundo. Muy pronto se conocerá la verdadera idea del joven estudiante sobre las religiones, sobre todo de las dos que hay en su vida, la que hereda del judaísmo y a la que se convierte su padre, la cristiana evangelista, las cuales, junto a las demás religiones del mundo, las clasificará como "el opio de los pueblos".

El siguiente escrito de Karl es muy comentado desde el primer día en que lo expone ante su maestro, lo titula: *Reflexiones de un joven a la hora de elegir profesión* y es que, a sus diecisiete años, el joven idealista ya piensa en una carrera universitaria, por lo que hace los siguientes comentarios en este trabajo: "El destino del hombre no radica en alcanzar una brillante posición social que colme sus ambiciones, sino en luchar por conseguir la perfección y trabajar en pro de la humanidad.

"El joven debe elegir su profesión atendiendo a su propia capacidad y guiado siempre por el anterior pensamiento, pero incluso en una elección de ese tipo, no se es completamente libre, porque nuestro posicionamiento social, de alguna manera, no podemos decidirlo por nosotros mismos. Hay que elegir una profesión que nos brinde la mayor dignidad, que esté basada en principios de cuya verdad estemos absolutamente convencidos y ofrezca el campo más amplio para trabajar en pro de la humanidad, que al mismo tiempo nos permita acercarnos cada día a la verdadera meta, la perfección, para llegar a ella cualquier actividad es tan sólo un medio.

"Las profesiones que no sólo influyen en la vida, sino que además se ocupan de verdades abstractas, son las más peligrosas para el joven. Si éste trabaja únicamente en beneficio propio podrá convertirse en lo futuro en un renombrado erudito, en un gran sabio o destacado poeta, pero nunca alcanzará la perfección humana, nunca llegará a ser un hombre verdaderamente grande. La historia sólo considera grandes a aquellas personas que, trabajando a favor de la colectividad, se han ennoblecido a sí mismas. La experiencia histórica nos demuestra que se es tanto más feliz cuanto mayor felicidad se proporciona a los demás; la misma religión nos enseña que el ideal que todos tenemos por modelo se sacrificó por el bien de la humanidad y nadie se ha atrevido a rebatir ese argumento.

"Si elegimos una profesión en la que podamos trabajar al máximo por los demás, ni siquiera las penas, por duras que sean, lograrán apartarnos de nuestro camino si pensamos que nuestro sacrificio es por el bien de todos. No disfrutaremos entonces de una pobre alegría, limitada y egoísta, sino que sentiremos que nuestra suerte está ligada a la de millones de personas y nuestros actos fermentarán silenciosamente, seguirán siendo activos eternamente y nuestras cenizas serán regadas por las lágrimas ardientes de todas las personas nobles".

A los diecisiete años, Karl Heinrich Marx es un joven idealista, claro de proyectos y pensamiento, en contraste con su incipiente concepto materialista de la historia.

Ingreso a la Universidad

Para septiembre de 1835, Marx se inscribe en la universidad de Bonn en donde pasará el primer año, para posteriormente cambiarse a la de Berlín, en éstas estudia la carrera de leyes por dos poderosas razones vinculadas a su padre, una, porque es abogado y dos, para no contrariarlo en la elección del estudio, confirmando en su tesis la falta de libertad y conciencia al momento de elegir la profesión, por lo que, al paso del tiempo, la Filosofía y la Historia pasan a ser prioridades y la abogacía pierde interés al cabo de los días.

Estando en la universidad de Bonn, Karl estudia jurisprudencia por disciplina y humanidades, mitología griega y romana, Historia del arte, estudio de las obras de Homero y elegías de Propercio, esta última impartida por el profesor August Wilhelm von Schlegel, por el placer de hacerlo. Por su parte, en Berlín, retoma el estudio de las leyes, concretamente en las materias de derecho penal y civil de Prusia, impartidas por Edouard Gans, maestro liberal y admirador del filósofo alemán Georg Wilhelm Friedrich Hegel, complementando sus estudios con Filosofía, especialmente en Lógica, Antropología y Geografía General.

Durante su periodo universitario, Karl tiene etapas en las que estudia con ahínco, ardor y pasión, gastando toda su energía durante el día y muchas noches, descuidando a los pocos amigos y las diversiones. Llega al agotamiento y

Dibujo del joven Marx cuando está en la universidad de Bonn.

consecuentemente se enferma.

En cambio, también hay etapas en las que se dedica a la diversión exagerada, como el participar en una carrera de burros (de animales, no de personas poco inteligentes), gasta en exceso y contrae deudas difíciles de liquidar, teniendo la necesidad de solicitarle dinero a su padre, quien accede no sin llamarle la atención por llevar una vida muy desordenada, incluso, pasa una noche en prisión por provocar un escándalo en vía pública debido a la alta ingesta de bebidas embriagantes, lo que en la actualidad no sorprendería a nadie por ser cosa común entre universitarios de muchos países del mundo.

Para satisfacer otra faceta de su vida, está inscrito en un grupo de poetas de la universidad (ya que están prohibidas las asociaciones estudiantiles) en donde loa y canta a extrañas criaturas como elfos, sirenas, gnomos, sin faltar, por supuesto, los versos a las estrellas, a las damas que desprecian a sus enamorados y algunos otros poemas considerados sin categoría y frívolos, aunque logrando que publicaran algunos en la revista *Ateneo*, denominados *Libro de las Canciones* y de *Los Amados*, así como las *Canciones Salvajes*.

Por su parte, en la mente del estudiante y joven Karl Marx está germinando la idea de fundar y editar una revista de crítica dramática y literaria, dedica su tiempo al estudio y obra de Friedrick Hegel, escribe el primer capítulo de un drama y de una novela titulada en alemán *Skorpion und Felix* que destaca por su feroz sátira en contra del conservadurismo berlinés y consecuentemente, por la afirmación del liberalismo. La política lo atrae con mayor fuerza como para pensar en rechazarla y sus epigramas cobran fama entre la comunidad estudiantil por sus burlas a la pequeña burguesía, que ya está en las altas esferas del poder y quieren más.

Por otro lado, Marx ya siente que el amor que alberga su corazón por Jenny, la baronesa de Westphalen, está apunto de salirle por todos los poros, por lo que recopila todos sus libros en cuatro tomos. Tres de ellos los envía a su novia y el cuarto a su padre como regalo de cumpleaños.

Durante un tiempo, Karl duda entre seguir con la carrera de Filosofía y la de poeta, inclinándose al final por la primera, ya que considera que no tiene vena para la rima y hasta llega a burlarse de sus versos a los que considera como arrebatos de juventud. Por esto, su padre no lo presiona demasiado, conoce muy bien a su hijo y lo anima a continuar con sus estudios, incluso, ya sin indicarle que lo haga por la abogacía, por lo que le escribe diciéndole: "Deseo que te conviertas en lo que quizá yo pude haber sido de haber nacido bajo los mismos auspicios favorables. Tú puedes colmar o arruinar mis más hermosas esperanzas... No te agotes, ya que tendrás tiempo suficiente, si Dios quiere, para que tu vida redunde en beneficio tuyo, de tu familia y si mi intuición de padre no me engaña, de toda la humanidad. Pero cuídate, no hay persona más digna de lástima que un sabio enfermizo".

Y para reafirmarle a Karl que su interés debe estar en el estudio, le escribe diciéndole: "¡A propósito! He leído detenidamente tu poema. A decir verdad, querido Karl, te confieso que no entiendo ni el sentido ni la finalidad... ¿Qué pretendes decir en él? ¿Qué la felicidad reside en un idealismo abstracto, con una especie de lirismo?

"En fin, reconozco mi propia limitación. Revélame tú el secreto... Te lo digo con absoluta franqueza: me alegran fervientemente tus proyectos y me parecen muy prometedores, pero me apenaría verte figurar entre los poetas del montón... Sólo los mejores logran captar la atención de un mundo cada día más exigente... Serás muy afortunado si logras la confianza de un buen editor, en este caso hay una segunda cuestión: la filosofía, el derecho o ambas te proporcionarán una excelente base; la poesía puede pasar a segundo plano y nunca perjudicarás tu prestigio, excepto en la opinión de algunos pedantes".

Declara su amor a Jenny

No todo es estudio en la vida del joven Marx, en otoño de 1836 declara su amor a la baronesa von Westphalen, Jenny, pero lo hace en secreto porque desde antes, su padre presiente este sentimiento y está totalmente en desacuerdo con él, pero en cuanto se entera de dicha relación, tiene temor de que Karl caiga en una equivocada posición ante la familia de ella y principalmente la del padre de la novia, quienes gozan de un prestigio social envidiable, por lo tanto, le escribe explicándole sus motivos sobre tal relación: "El deber más sagrado del hombre es respetar a la mujer... Pero si, tras una detenida introspección, persistes en tu compromiso, tienes que asumir dicho deber... Has contraído grandes obligaciones y yo, querido Karl, con el peligro de irritar tu susceptibilidad, te daré mi opinión de manera

Esta es la mujer de quien Marx se enamora para toda la vida: la baronesa de Westaphalen, Jenny.

un tanto prosaica: tú, con esas exageraciones y exaltaciones del amor propias de la poesía, no puedes proporcionar calma a la criatura a la que te has entregado; más aún, corres peligro de destruirla...

"Esa mujer te hace un sacrificio inestimable que sólo una mente desapasionada y fría puede apreciar completamente: el de su abnegación y entrega. ¡Ay de ti si lo olvidas en algún momento! Por ahora todo depende de ti y tienes que hacerte acreedor al respeto de todo el mundo, pese a tu juventud... Te lo ruego y suplico encarecidamente, piensa en el futuro, no corras riesgos innecesarios, tranquilízate y calma esas tormentas de tu interior y no las suscites tampoco en un ser que merece y necesita calma...

"Sabes, querido Karl, que en todo esto, el amor es mi principal guía, aunque hay algo en ello que no cuadra con mi carácter y que a veces me desazona... Conoces de sobra mi debilidad por ti. A veces mi corazón se complace pensando en ti y en tu futuro. Pero en otras ocasiones se apoderan de mí ideas tristes y presentimientos sombríos que, rápidos y traicioneros como el rayo, se abaten sobre el pensamiento: ¿Obedece tu corazón a tu cabeza, a tus proyectos de futuro? ¿Hay espacio en él para esos sentimientos terrenos que tanto reconfortan a las personas sensibles en este valle de lágrimas?

"En esa situación hay personas dominadas por sus propios demonios, pero ¿su naturaleza es celestial o fáunica? ¿Serás capaz —ésta es una duda que atormenta mi alma sobremanera— de conseguir una dicha familiar plenamente humana?... Te preguntarás qué es lo que me ha llevado a este orden de ideas. Aunque a menudo me han asaltado semejantes fantasías, las he ahuyentado con facilidad porque siempre he procurado rodearte de todo el cariño y cuidados de que es capaz mi corazón.

"Pero ahora con Jenny aflora algo extraño. Ella... Muestra a ratos instintivamente y en contra de su voluntad de sordo temor, preñado de presentimientos, que a mi no se me escapa... ¿Por qué? ¿A qué se debe? Para mí no tiene explicación, pero está ahí; mi experiencia no me engaña en este punto. Tus progresos, la halagadora esperanza de ver tu nombre célebre y tu bienestar material, pese a ser ilusiones que he acariciado durante mucho tiempo, no es lo único que me interesa... Te aseguro que si hicieras realidad sólo esas ilusiones, (yo) no sería feliz.

"Sólo si tu corazón permanece puro y late de forma netamente humana, si ningún genio demoníaco consigue desvirtuar los mejores sentimientos de tu alma, sólo entonces me proporcionarás la felicidad que sueño desde hace tantos años; en caso contrario, verá destruida la ilusión más hermosa de mi vida.

"En fin, no sé por qué me pongo tan quejumbroso y te entristezco, quizá, a ti, en el fondo, no dudo de tu amor filial por mí y por tu buena y querida madre y tú sabes cuál es nuestro punto más vulnerable... Quizá una de las acciones buenas del hombre es que, desde su nacimiento, está obligado a respetar a los demás, a ser sensato, prudente y reflexivo, pese a todos los demonios".

Esta extensísima carta de Heinrich Marx demuestra sus temores por la relación amorosa de Karl con la baronesa von Westphalen y de sus posibles consecuencias negativas para su hijo. Desde luego que una misiva como ésta hiere y lastima al joven estudiante, quien le manifiesta estar ofendido de gravedad, aunque su mayor inquietud estriba en que no recibe ninguna carta por parte de su novia la baronesa, quien se niega a hacerlo hasta que Karl formalice y haga público su compromiso.

Ésta discrepancia entre padre e hijo los llevará a tener una rivalidad en ideas y conceptos que no terminará hasta la muerte de Heinrich de edad mayor. Mientras tanto, las cartas entre ambos son cada vez más encendidas por no llegar a un acuerdo en cuanto a esta relación que el viejo Marx ve totalmente negativa para Karl, por lo que nuevamente le escribe apelando a su hombría:

"...Te dejo a ti que decidas si yo tengo o no suficientes razones para estar furioso. Sabes de sobra cuánto te quiero. Entonces, te exijo que me escribas, pero abandona esa sensibilidad enfermiza y ese tono sombrío y lúgubre de tus cartas... Exceptuando a tu madre, tú eres el ser más querido en el mundo para mí, pero intento con todas mis fuerzas no dejarme cegar por semejante afecto.

"Creo ser justo contigo y aún así, no puedo evitar pensar que tienes un egoísmo un poco mayor del que se necesita para la supervivencia... Tú carácter es una disculpa; no acuses a la naturaleza que ha sido pródiga y maternal contigo; es tu voluntad la que flaquea y eso depende de ti. ¿Es que la poesía consiste en abandonarlo todo al menor síntoma de tempestad, en franquear un corazón que se desgarra con cada tribulación y que al mismo tiempo resquebraja nuestro cariño? ¿Acaso eso es la poesía?... No, en absoluto, eso es debilidad, abandono, egoísmo y vanidad, cualidades todas ellas que no admiten nada fuera de sí y que relegan a segundo plano las más caras creaciones... En tu propio beneficio, no estoy dispuesto a abandonar esta cuestión, ni lo haré hasta estar convencido de que esa lacra ha desaparecido por completo de tu, por demás, noble carácter".

En verdad que parece demasiada exigencia para un joven de 19 años, pero el viejo Marx no está equivocado al respecto de la superior inteligencia de su hijo, quien destaca por su actitud dedicada y crítica en todos sus estudios universitarios, por eso no es extraño que Karl Marx le explique a su padre su "Declaración de Principios" que envía en una extensa carta el viernes 10 de noviembre de 1837, confirmando sus ideas y los temores del viejo Heinrich y que es pertinente conocer en toda su magnitud.

"Querido padre: Hay momentos de la vida que son fronteras entre una época transcurrida y una nueva que comienza a vislumbrase... Por lo que ahora voy a repasar este año, ya ido, para contestar, querido padre, a tu amorosa carta de Ems. Pero también permíteme que te hable de mis circunstancias personales, de mi concepción de la vida, expresión para mí de una actividad espiritual muy variada que engloba conocimientos, arte, situaciones, personas...

"Después de abandonarlos, descubrí un mundo completamente nuevo para mí, el del amor, bueno, para ser más justo, el principio de un amor preñado de nostalgia, un amor sin esperanza, incluso el viaje a Berlín que en otras circunstancias me habría entusiasmado. Excitándome a la contemplación de la naturaleza comunicándome una gran alegría vital, me resultó indiferente y frío, me disgustó porque las mismas rocas no eran tan escarpadas y arrogantes como mis propias emociones; las grandes ciudades estaban menos vivas que mi sangre, las mesas de las posadas, menos sobrecargadas y repletas que mi propia fantasía y desde luego, el arte no tiene la hermosura de Jenny.

"Una vez instalado en Berlín, rompí todas las relaciones que había mantenido hasta entonces, rara vez salía de casa y procuré sumirme en la ciencia y el arte. Vista mi situación anímica de aquellos momentos, la poesía lírica debía ser, necesariamente, mi primer consuelo, o al menos el más agradable y el más cercano. Pero a la vista de mi situación y de mi evolución anterior, era puro idealismo...

"Así fue como la poesía se convirtió en mi compañera. Por otro lado, yo tenía que estudiar jurisprudencia, pero sentía también la llamada de la Filosofía. Ambas disciplinas confluyeron y estudié a (Johan Gottlieb) **Heineccius** (también conocido como Heinecke), Thibaut y otras fuentes de manera puramente acrítica, como un escolar: así, por ejemplo, traduje al alemán los dos primeros libros de las *Pandectas**, al mismo tiempo que trataba de concebir una filosofía del derecho desde su propio ámbito. Le puse un prólogo con unos cuantos axiomas metálicos y al final de casi trescientas páginas mi obra desembocó en el Derecho Público...

"Pero, ¿para qué seguir llenado páginas con cuestiones que ya ni siquiera a mí mismo me interesan? La obra, redactada con un estilo minucioso y confuso, está surcada por clasificaciones tricotómicas (es decir, dividida en tres partes) a los conceptos del derecho romano, para obligarlos a acomodarse a mi sistema. Éste trabajo me permitió tomar conciencia de mis propias inclinaciones y hacerme una idea de toda ésta temática por mí mismo.

"Al final del derecho mercantil vi la falsedad de todo el conjunto, cuyo esquema fundamental limita con lo kantiano. Aunque difiere completamente de él en el método y de nuevo se me hizo evidente que la agudeza intelectual es imposible sin la Filosofía.

Así que sin ningún tipo de remordimientos me eché de nuevo en sus brazos y escribí un nuevo tratado de metafísica. Al terminarlo tuve que reconocer otra vez que, como las ocasiones anteriores, me había equivocado...

---

* En Derecho, *Pandectas* son el conjunto del digesto y del código Justiniano. Una recopilación de decisiones dadas por los antiguos jurisconsultos romanos, en especial las de Derecho Civil que Justiniano puso en los cincuenta libros del Digesto.

"Al final del semestre, las danzas de las musas y la música de los sátiros me cautivaron de nuevo... Y sin embargo, estos últimos poemas son los únicos en los que, de pronto, como por arte de magia, —¡ah!, la sacudida fue aniquiladora al principio— relampagueó ante mis ojos el reino de la verdadera poesía como el lejano palacio de un cuento de hadas y después todas mis obras se desintegraron en la nada. Tan diversas ocupaciones durante el primer semestre me condenaron a muchas noches de vigilia; tuve que llevar a cabo muchos combates. Resistir muchas presiones de dentro y fuera de mi, descuidar la naturaleza, el arte, el mundo, rechazar amigos.

"Al final, no demasiado enriquecido, mi salud se quebrantó y un médico me aconsejó una temporada de campo, así que atravesé la ciudad y salí hacia Stralow. Yo no sospechaba que mi debilidad iba a convertirse en fortaleza. Había caído un telón; mi sancta santórum se había resquebrajado y había nuevos dioses que exigían ser entronizados.

"Del idealismo que yo, dicho sea de paso, había comparado y nutrido con los sistemas de (Immanuel) Kant y (Johan Gottlieb) Fichte, pasé a buscar la idea en lo real mismo. Si los dioses habían vivido en el pasado sobre la tierra, ahora se habían convertido en el centro de la misma. Yo había leído fragmentos de la filosofía de (Friedrich) Hegel, pero no me agradaba su áspera melodía. Deseaba sumergirme en el mar, pero con el firme propósito de hallar la naturaleza espiritual tan necesaria, concreta y rotunda como la corporal, con la intensión de no amagar en falso y de sacar la perla más pura a la luz del sol.

"Escribí un diálogo de aproximadamente veinticuatro páginas titulado *Kleanthes*, sobre el punto de partida y progreso necesario de la filosofía. En él confluían de alguna manera arte y ciencia, que estaban completamente separados e inmediatamente me puse a trabajar en una exposición filosófico-dialéctica de la divinidad desde el punto de vista conceptual, religioso, natural e histórico. Mi última frase es el comienzo del sistema hegeliano.

"Este trabajo que me exigió familiarizarme con las ciencias naturales, con (el filósofo alemán Friedrich Wilhelm Joseph von) Schelling, con la historia, me ocasionó interminables quebraderos de cabeza y está escrito tan desordenadamente (quería ser una nueva lógica) que ahora apenas lo entiendo. Es ésta mi más querida criatura, mi hijo criado a la luz de la luna que me atrae como un canto de sirena.

"Algunos días, de pura rabia, era incapaz de pensar y corría enloquecido de un lado a otro por los jardines de las márgenes del turbio Spree, 'que lava las almas y rebaja el té' y hasta llegué a participar con mi hospedero en una cacería; volví a Berlín con unas terribles ansias irrefrenables de abrazar a todos los vagabundos. Disgustado por la enfermedad de Jenny y por mis inútiles y abandonados estudios y enfurecido por tener que admitir una opinión que antes detestaba, caí enfermo como bien sabes, querido padre. Una vez restablecido, quemé todos mis poemas y proyectos literarios con el firme propósito de renunciar a la literatura, cuestión que hasta este instante he cumplido.

"Durante mi indisposición me empapé de la doctrina hegeliana y leí las obras de la mayoría de sus discípulos. En Stralow asistí a varias tertulias con mis amigos y a través de ellos conocí el Club de los Doctores, algunos de cuyos miembros son profesores no titulares*. También pertenece a él el Dr. Rutenberg, mi amigo íntimo de Berlín.

"En las reuniones abundan los debates cruzados y las opiniones encontradas y así me fui encadenando cada día más sólidamente a la actual concepción filosófica del mun-

---

* Algunos de los socios del Club de los Doctores son diez años mayores que Karl y lo aventajan en conocimiento, aunque Marx los supera en astucia, pensamiento, riqueza de ideas y por un apasionado activismo.

do. Pensé que no me dejaría atrapar, pero mi genio enmudeció y me acometió una verdadera manía de ironizar sobre todo y sobre todos, fenómeno muy comprensible tras un periodo dominado por la negación.

"Hubo de añadir a todo esto, el silencio de Jenny, así que no descansé hasta obtener la patente de modernidad por algunas obras tan malas como *La visita*, etcétera. Quizá no te he descrito, querido padre, el último semestre con todo detalle, quizá ni haya disipado todas tus sombrías dudas. Si es así, debes atribuirlo a mi ardiente deseo por hablarte del presente".

Por supuesto que el enojo del viejo Heinrich es mayúsculo, ya que se culpa por ser débil y huraño ante su hijo Karl, clama al cielo por ello y le escribe nuevamente:

"... No quiero ser blando contigo porque ya lo he sido bastante en el pasado; bastante poco protesté y por ello hasta cierto punto me he convertido en tu cómplice.

"Te diré ahora que has causado excesivos disgustos a tus padres y les has dado poca o ninguna alegría. Apenas había terminado la desenfrenada vida de Bonn, apenas había saldado yo tus cuentas —una constante en tus relaciones— cuando he aquí que para nuestra desgracia se presentaron los disgustos amorosos y nosotros, como auténticos padres de novela, pura bondad, nos convertimos en sus mensajeros y cruciferarios, pero sabiendo que en eso se cifraba la felicidad e infelicidad de tu vida, toleramos lo irremediable y quizá hasta desempeñamos papeles poco acordes con nuestra condición.

"... Lo que nuestro hijo realmente hace, piensa, cultiva, apenas lo hemos sabido por alguna frase aislada y ocasional cuando, ya pasados meses y meses sin una sola carta; en la última ocasión, sabías que Edouard estaba enfermo, que tu madre penaba y yo padecía y por si fuera poco, el cólera se enseñoreaba en Berlín.

"Pero no importa, todo esto ni siquiera merece una disculpa porque en tu carta posterior no haces alusión alguna al asunto, sino que te contentas con unas cuantas líneas deslavadas y con una extracción de tu diario titulada *Visita*: texto que vale más olvidar porque es una absurda patraña, una patente demostración de cómo desperdicias tu talento y pasas noches en vela para engendrar monstruos.

"Tú sigues las huellas de esos nuevos demonios que vociferan hasta no escucharse ellos mismos y que consideran las frases farragosas signo de genialidad aunque entrañen pensamientos confusos o simplemente no signifiquen nada".

Estos reclamos hacen que Karl tenga más noches en vela pensando y meditando en ellas, aunque realmente no le preocupan los mismos asuntos que a su padre, quien ve en su noviazgo con la baronesa Jenny algo sumamente lamentable, porque cree que su hijo no está a la altura, que su novia cuando menos económicamente, y porque los gastos del joven Marx exceden y con mucho, a las posibilidades reales de su familia, aunque inconscientemente Karl se queja de que no es apoyado como el cree que debería ser.

En una de sus últimas cartas, el viejo Heinrich Marx le comenta a su hijo Karl: "No me siento ahora con fuerza para discutir contigo cada una de tus quejas y en modo alguno puedo competir contigo en una suerte de esgrima dialéctica. Porque previamente tendría que aprender la terminología para poder penetrar en el santuario y soy demasiado viejo para poder emprender esa tarea. Si tu conciencia está tranquila y amortiza con tu filosofía, estupendo.

"Sólo en un punto concreto ese afán tuyo de trascendencia no podrá consolarte y tú, muy inteligentemente, has corrido un tupido velo sobre él; me refiero al mezquino dinero, cuyo valor para un padre de familia tú desconoces y yo sé de sobra; a veces me hago a mí mismo amargos reproches por haberte aflojado demasiado la bolsa y he aquí el resultado: corre el cuarto mes del año judicial y tú ya has gastado 280 táleros; yo no he ganado aún esa cantidad durante todo el invierno. Tú, sin embargo, te revuelves y con gran injusticia de tu parte afirmas o dejas entrever que te conozco poco, que no te comprendo.

"Sé que tu corazón es justo y ético y ésta no es una afirmación gratuita, porque ya durante el primer año de tu carrera jurídica te di pruebas concluyentes, no exigiéndote ni siquiera una explicación sobre un asunto muy espinoso que podría plantear graves problemas. Sólo una confianza ilimitada en tu elevada moralidad justifica mi proceder y actualmente sigo pensando igual. Sin embargo, no creas que estoy ciego; es el cansancio el que me obliga a rendir mis armas. Con todo, no olvides ni dudes nunca de que te llevo en lo más hondo de mi corazón y de que eres uno de los motores de mi vida".

Este conflicto, que de haber librado una batalla intelectual entre padre e hijo, sin duda el vencedor sería Karl Marx. Pero es él quien pierde a su amado padre, mejor amigo y excelente confidente cuando el jueves 10 de mayo de 1838 fallece el viejo Heinrich Marx llevándose al más allá la pena por las tentaciones a las que está expuesto su hijo y su inmenso amor por él, aún por encima de sus demás hijos y con la desconfianza de que contraiga matrimonio con la baronesa de Westphalen, causando la desgracia del padre de ella, de su novia y de el mismo Marx.

2
Cambio de profesión y vida

La pérdida y el dolor que le produce la muerte de su padre, provoca en el joven Marx una breve etapa de indecisiones pero finalmente, al superarla, decide que su mejor opción para llevar a cabo su labor y profesión, es la Filosofía, dejando de lado, aunque sin olvidarlo, el estudio y ejercicio de la abogacía.

Aunque no olvida sus clases del año que estudia en Bonn, en cuya etapa importante de formación de su vida, ya que empieza a adquirir, cimentar y desarrollar su propio sentido de la historia, toma cursos con el afamado jurisconsulto alemán Friedrich Karl von Savigny, creador de la llamada escuela histórica y ordenador del derecho romano y quien concibe el momento jurídico en organización armónica con otros de la civilización de un pueblo y con su teoría del *Espíritu Nacional*, en el que repudia el derecho natural, revolucionando su época y el estudio del derecho. Este personaje, incita e invita a Karl a que tome el hecho en su organismo y en su dinamismo.

Pero Karl Marx no se conforma con una sola teoría, también sigue los cursos del adversario de Savigny; Edouard Gans, ultra defensor de una concepción filosófica del derecho romano, quien además censura a Savigny por sus ideas conservadoras invitándolo a concebir el derecho no sólo en función del pasado, sino en nombre de la evolución continua que la dialéctica de la idea impone. Gans exhorta al joven Marx a ver la idea en el hecho, a discernir sabiamente la racionalidad de la historia.

Pero al estar Karl en la universidad de Berlín y después del fallecimiento de su padre, también desarrolla su sentido de la filosofía, aunque la influencia del romanticismo pierde fuerza ante sus nuevas inquietudes, las ideas filosóficas de Schelling, Kant y Fichte, antes de teorías seductoras, ahora caen en el olvido.

En adelante, Karl se dedica exclusivamente a estudiar filosofía con gran pasión e intensidad, como lo prueba su tesis doctoral y sus laboriosos trabajos preparatorios. Por lo tanto, a principios de 1839 elige como especialidad la Filosofía Griega y titula su tesis *Diferencia entre Filosofía natural de Demócrito y Epicuro*.

Karl no descansa, continua sus absorbentes estudios filosóficos y su activa participación en el Club de los Doctores, en el que todos aportan muchas ideas, pero es Karl quien da más de sí que los demás, por lo que en la primavera de 1841, cuando termina la universidad el 6 de abril, presenta su tesis doctoral en la Facultad de Filosofía de Jena y en seguida, el jueves 15 del mismo mes le es otorgado el título de Doctor. Deja Berlín y su amigo Köppen le confiesa una deuda que dice tener con él, al decirle que "Ahora vuelvo a tener pensamientos propios, pensados por mí mismo, valga la redundancia; los de antes no me pertenecían porque procedían de Schützenstrasse (es decir, de la casa de Marx) o cuando menos fueron gestados en ella. Ya soy capaz de trabajar solo de nuevo y me alegra no estar rodeado de estúpidos o serlo yo mismo...

"A propósito de los pensamientos de Schützenstrasse: nuestro Bruno Bauer ha publicado en los *Hallischen Jahrbücher* un espléndido artículo y nada jesuítico. Nuestro respetado amigo sostiene al principio la idea de que el Estado bizantino era el único verdaderamente cristiano. Yo he enfocado inquisitivamente esta concepción, me he preguntado por sus orígenes y me he dado cuenta de que es tributario

Bruno Bauer fue un filósofo alemán que en su juventud pertenece a la "derecha hegeliana" pero se vuelve ateo y se integra a la agrupación de *jóvenes hegelianos*.

de la casa Schützenstrasse. ¿Te das cuenta?, eres manantial, un taller, un almacén de ideas..."

Y es que Karl Marx defiende el idealismo de Epicuro en contra del materialismo de Demócrito, al parecer que el primero presenta enormes analogías con la filosofía de la naturaleza de Schelling y Hegel, ya que cree que Demócrito ha omitido el elemento espiritual, en tanto que Epicuro vio en él la fuente de la energía, el principio de la acción, por lo tanto, es un elemento que supera a la materia.

Es importante destacar la enorme influencia que tiene Bruno Bauer en la vida de su amigo Marx, ya que este filósofo alemán, durante algún tiempo, pertenece a la denominada "derecha hegeliana", pero tras la lectura de un escrito del teólogo y filósofo alemán, David Friedrich Strauss, titulado *La vida de Jesús*, cambia su posición derivando hacia una interpretación atea y radical de la doctrina de Friedrich Hegel. Es considerado como una de las máximas autoridades de la extrema izquierda, dejando importantes obras, junto con su hermano Edgard. A partir

NI duda cabe que el alemán Georg Wilhelm Friedrich Hegel es el filósofo más importante e influyente entre los pensadores de finales del siglo XVIII y principios del XIX.

de este momento pasa a formar parte de los llamados "jóvenes hegelianos"

Es tal la influencia de Bauer en Karl que éste, bajo su influjo, en muchos de sus escritos insiste en aserciones del más abierto ateísmo, tanto así, que Lucrecio es alabado por "su osado y tonante canto, como el vivaz, atrevido y poético señor del mundo... En tanto que una gota de sangre pulsará en su corazón conquistador del mundo y absolutamente libre, gritará ella siempre a los adversarios, con Epicuro: *No es impío quien suprime a los dioses de la multitud, sino quien atribuye a los dioses las opiniones de la multitud*".

No cabe duda que en estos años, los hegelianos de izquierda, los Bruno Bauer, Moses Hess y Arnold Ruge, son quienes atacan abiertamente al cristianismo con la firme creencia de que así, adelantan el advenimiento de la libertad política más que religiosa, ya que Marx muy pronto deducirá en su teoría del materialismo histórico que la religión es un efecto de la realidad económica que, al cambiarse, fatalmente decaerá por sí misma, sin necesidad de una batalla directa.

En 1842, Marx ya tiene cuatro años de ser íntimo amigo de Arnold Ruge, el editor de los llamados *Anales Alemanes para la Ciencia y el Arte*, abiertamente opuesto al gobierno de tendencia conservadora. Además, también tiene lazos muy fuertes con Moses Hess, quien, aparte de haberse adherido al comunismo francés, ha convertido al filósofo alemán, Friedrich Engels a creer la misma idea. Estas relaciones son cordiales por ahora pero en pocos años, algunos de ellos serán muy amigos y otros, irreconciliables enemigos intelectuales.

Mientras tanto, coinciden en algunas de las tesis marxistas, son filósofos de la autoconciencia, en oposición a los jóvenes hegelianos, quienes afirman que la filosofía de Hegel es un universo acabado y total en el que la razón y realidad se funden en perfecta armonía, a la que se opone una realidad objetiva, por lo que Karl afirma: "Así entonces, el mundo es una filosofía dividida que se opone a una filosofía total considerada en sí misma. La aparición activa de esta filosofía es, consecuentemente, también una división y una contradicción; su universalidad objetiva se convierte en formas subjetivas de la conciencia individual que la vive...

"Quien no comprenda este imperativo histórico, tiene que negar, por tanto, categóricamente, que existen personas que se atengan a una filosofía total, o tiene que considerar la dialéctica de la medida en cuanto tal como la más elevada categoría del espíritu y afirmar, con algunos de nuestros mal entendidos hegelianos, que la mediocridad es la manifestación o la apariencia normal del espíritu absoluto..."

Por su parte, Bruno Bauer urge a Karl a terminar su tesis anteriormente expuesta, para someterla a juicio en sus clases en Bonn: "Pon toda tu energía para salir del apuro y lo lograrás. Ojalá pudiera estar en Tréveris para explicar el asunto a tu familia. Creo que lo que allí sucede contribuye a embrollarlo todo aún más, si cabe... Tu novia es capaz de soportarlo todo por ti y quien sabe lo que nos depara el futuro. Mi sentencia, que tendrá consecuencias fácilmente visibles, está cada día más próxima..."

Y es que Marx sabe hacerse de amigos no por graciosas concesiones sino por sus grandes dotes filosóficas, por esto, Moses Hess, seis años mayor que él, escribe a su amigo Berthold Auerbach elogiosos términos para Karl: "Disponte a conocer al mayor y quizá al único filósofo vivo verdadero... Dr. Marx, tal es el nombre de mi ídolo, hombre todavía muy joven (rondará los 24 años) que le asestará el golpe de gracia a la religión y política medievales. Reúne en su persona la más profunda seriedad filosófica y la más incisiva ironía; imagínate a Rousseau, Voltaire, Holbach, Lessin, Heine y Hegel juntos en una persona —y digo juntos, no revueltos— y tendrás al Dr. Marx".

La cátedra en Bonn bien puede ser la mejor tribuna de Karl para exponer sus tesis filosóficas, políticas, religiosas y hasta económicas y sembrar la semilla de sus ideas y pensamientos, pero no es así, lo hace a través del periódico *Rheinische Zeitung* fundado por un grupo de ciudadanos de buena posición económica como Georg Jung, Dagobert Oppenheim y Gustav Mevissen, por mencionar a los más destacados.

Este periódico lanza su primer número el sábado 1 de enero de 1842, en Colonia, Alemania, reuniendo a un interesante grupo de intelectuales como Bauer, Köppen, Meyen, Stirner, Rutenberg y Engels, quienes pertenecen al círculo berlinés de los "Athenäer" que sucede al Club de los Doctores y que con el tiempo se denominarán "Los Libres". De este grupo, quien destaca es el mismo Marx, con sus artículos llenos de ironía y sesudamente documentados, por ello, el sábado 15 de octubre del mismo 1842, es nombrado redactor en jefe del periódico.

En esta nueva posición, durante este y el siguiente año, Karl tiene que intervenir en intereses materiales, destacando los debates del Parlamento de Renania sobre los robos de leña y lotificación del terreno; también en una polémica que Von Schaper, mandatario supremo de la provincia renana, entabla con el periódico *Rheinische Zeitung* sobre la situación de los labradores de Mosela y en las discusiones sobre librecambismo y proteccionismo, siendo las primeras ocasiones en que se ocupa de cuestiones económicas, sin embargo, lo más importante es la controversia desatada por la publicación sobre el comunismo.

Y es que el respeto a la línea editorial y liberal del *Rheinische Zeitung* provoca que Marx rechace las observaciones de su amigo Ruge sobre el comunismo. Por otro lado, también teme que comprometan al partido liberal con estas observaciones, por estar imbuidos de romanticismo político y afán de notoriedad. Por lo tanto, exige a los colaboradores de la publicación que tengan precisión intelectual, que los análisis sean más concretos y escritos con una erudición a toda prueba, sin utilizar razonamientos vagos, frases pedantes, ni vanidosos narcisismos.

Para Marx resulta imprudente e incluso inmoral introducir furtivamente dogmas socialistas y comunistas (que se cree son una nueva visión mundial) convertidas en ocasionales críticas teatrales. Él exige que la doctrina comunista, si debe ser discutida, debe serlo mucho más a fondo y en otros términos. Y vaya que tiene razón el Doctor en Filosofía de Tréveres, ya que intuye que si hay "una rebelión tan clara contra los pilares de la actual organización del Estado, puede acarrear una agudización de la censura e incluso el cierre del periódico.

"Tenemos a la vista el ejemplo del *Süddeutsche Tribüne* y en cualquier caso, desde el cómodo sillón de la abstracción, nosotros contrariamos los deseos de una gran cantidad de hombres liberales y prácticos que han asumido el penoso papel de conquistar la libertad peldaño a peldaño, demostrándoles sus propias contradicciones".

Para Karl no se puede hablar de las consecuencias del comunismo si antes no se ha hecho lo propio con las bases, los cimientos de esta práctica político-económica, pero no puede librarse de una acusación que le hace el periódico rival de Colonia *Augsbuerger Allgemeine Zeitung* por simpatizar con las ideas comunistas, por lo que la publicación de Marx contesta con una aclaratoria de principios: "Éste periódico considera que las ideas comunistas, en la actual formulación, no tienen una base teórica sólida; en consecuencia, no cree posible ni desea su realización práctica y las someterá a una profunda crítica.

"No obstante, obras como las de Leroux, Considerant y sobre todo la valiosa aportación de (Pierre Joseph) Proudhon no es lícito criticarlas a la luz de ocurrencias superficiales y momentáneas, sino sólo tras un largo, minucioso y profundo estudio. Si el *Augsbuerger* fuera más riguroso y no se dedicara a construir frases lapidarias como arma arrojadiza, comprendería fácilmente el razonamiento... Tenemos la firme convicción de que el auténtico riegos reside en cimentar teóricamente la ideología comunista, no es ponerla en práctica, porque en este último caso, aún cuando esté apoyada por las multitudes, pueden oponérsele cañones al menor asomo de peligro.

"Las ideas, sin embargo, penetran en la inteligencia y conquistan nuestro ánimo y cuando se han instalado en nuestra conciencia, la encadenan y uno no puede desterrarlas sin desgarrarse el corazón, se convierten en demonios ante los cuales sólo cabe el sometimiento. Probablemente el periódico de Augsburgo no ha conocido jamás la desazón interior provocada por la contradicción entre los deseos subjetivos del hombre y las razones objetivas de su propio entendimiento..."

Pero cuando no existen razones ni argumentos de valor, las ideas no surten efecto y la censura se ensaña con el *Rheinische Zeitung*, por lo que un consejo que preside el rey alemán Federico Guillermo Cuarto, conocido como el ope-

Curiosa representación de Karl Marx como *Prometeo* después del cierre del periódico *Rheinische Zeitung* en 1843.

rador de lápiz rojo y *ese buey de censor,* es quien decide ejercer su autoridad y censura, provocando que el sábado 18 de marzo, Karl presente su renuncia a la publicación "por causa de las actuales circunstancias de censura" y diciendo a su amigo Arnold Ruge: "Es absurdo luchar por la libertad y tratar de defenderse la espada con alfileres.

"Estoy cansado de tanta hipocresía, de tanta estupidez, del palabrerismo, de este autoritarismo brutal, de doblar la cerviz y de retroceder... No hay nada que hacer en Alemania; aquí uno se traiciona a sí mismo". El periódico es cerrado el sábado 1 de abril de 1843.

En un artículo, en el que comenta a propósito de "Lutero árbitro entre Strauss y Fuerbach" y de "el estado de sitio" que fija la censura a las publicaciones, Marx replica: "Ustedes admiran la maravillosa variedad, la inagotable riqueza de la naturaleza. Ustedes no exigen que la rosa tenga la misma fragancia que la violeta. Pero el más rico de todos, el espíritu, ¿no debe poder existir más que de una sola manera? Yo soy humorista, pero la ley me ordena escribir *seriamente.* Soy arrogante, pero la ley impone que mi estilo sea *modesto*... La forma sustancial del espíritu es la alegría, la luz y ustedes quieren que la sombra sea su única aparición; él debe andar únicamente vestido de negro. La suya es la ley del terrorismo; el censor debe aún hacer el proceso de las tendencias; ¡ustedes lo colocan en el lugar de Dios, como juez del corazón".

Otro periódico..., otra prohibición

La decepción de Marx por la censura lo lleva a aceptar la dirección de una revista, la *Deutsch-Französischen JahrbücherK (Anales Franco-Alemanes),* retomando la línea editorial de *Rheinische Zeitung* y del *Deutschen Jahrbücher,* igualmente prohibido, que le ofrece Arnold Ruge en París, a través de una carta en la que le comenta: "Creo que podemos seguir con el mismo presupuesto de los anales;

confío también en aumentar considerablemente el tiraje si somos capaces de mantener una línea política y periodística enérgica y arrojamos por la borda todo adoctrinamiento". Empieza a gestarse la concepción materialista de la historia.

Y este ofrecimiento le viene muy bien a Karl, ya que obtendrá un salario de 800 táleros (moneda alemana de plata), dado que su economía es más bien raquítica, por lo que responde a Ruge: "En alguna ocasión te he comentado que no estoy muy bien avenido con mi familia; mi economía flaquea y mientras mi madre viva no puedo acceder a mi herencia. Además, estoy prometido y no puedo ni quiero salir de Alemania sin mi novia... Le revelaré mis planes: apenas hayamos ultimado el contrato viajaré a Kreuznach. Allí me casaré y residiré un mes con la madre de mi novia, quizá más, porque probablemente no podamos solucionar todos nuestros asuntos en ese plazo.

"Le aseguro, sin el menor asomo de romanticismo, que estoy perdidamente enamorado. Llevo prometido más de siete años y mi novia ha tenido que librar arduos combates que casi han minado su salud, para defender nuestra relación durante ese tiempo... Al cabo de estos años, mi novia y yo hemos tenido que batallar mucho más que otros que nos triplican la edad y hablan sin cesar de su *experiencia de la vida*".

Y bien que es verdad, pero quien más se tiene que sacrificar por mantener a esta enamorada pareja, es Jenny, la baronesa de Westphalen. Ella se adapta a las circunstancias y variables que van implícitamente con Karl Marx, haciendo enormes sacrificios no solamente durante el tiempo que dura el noviazgo sino en toda su vida matrimonial.

Estos pesares de la pareja Jenny-Karl son ampliamente recompensados cuando el 12 de junio de 1843 (otros biógrafos dicen que es el 19), en Kreuznach, Alemania, firman el acta matrimonial. Un día lleno de felicidad para la dupla, este enlace, con el tiempo, aumentará el amor y comprensión entre ellos, tanto que permanecerán juntos hasta que, literalmente, la muerte los separe.

Al cabo de algunas semanas, Marx permanece en esta ciudad hasta finales de octubre, ya que está dedicado al estudio de la historia y filosofía francesas, ya que su próximo destino es París, además, también trabaja en la revisión crítica de la filosofía del derecho de Friedrich Hegel y en sus colaboraciones para la revista.

Los esposos Marx en París

Antes de terminar el año, en noviembre de 1843, los esposos Marx llegan a la capital francesa. Él está muy cerca del comunismo, al que considera como una evolución e interferencia lógica de la filosofía. Durante los primeros meses de 1844 aparecen publicados los dos números iniciales de la revista *Deutsch-Französischen JahrbücherK* que se convierten en un auténtico fracaso, ya que no toman en cuenta la frialdad y hostilidad de los franceses para con los extranjeros; los recelos del escritor religioso Félicité-Robert de Lamennais, las protestas del poeta romántico Alphonse de Lamartine, ni los insultos del escritor y político Jean Joseph Louis Blanc a Karl por su manifiesto ateísmo, pero lo peor es el conflicto de opiniones entre los dos directores, Ruge y Marx, provocando que estos números sean los primeros y los últimos.

Lo peor, es que a partir de este momento, los hasta entonces amigos Arnold Ruge y Karl Heinrich Marx se convierten en poderosos enemigos dispuestos a hacer quedar mal al contrincante, como lo hace el primero al lograr, algún tiempo después, que Marx sea expulsado de Francia a través de una polémica aparecida en el *Vorwärts,* donde Ruge prefiere admitir el credo anárquico de Max Stirner que las "hipocresías" de Marx, calificando sus teorías como "las más necias de las locuras... Cuya realización sería una humillante vida de oveja". La guerra está declarada y no

El joven de 25 años estudiante de filosofía, Friedrick Engels en una fotografía de 1845.

terminaría en poco tiempo.

Incluso, Ruge llega a decir que Marx: "Lee cuanto puede; trabaja con extraordinaria intensidad y tiene un talento tan crítico que a veces degenera en arrogancia; no termina sus trabajos, los interrumpe siempre para precipitarse en un océano de libros". Esta crítica se da, simplemente porque Karl trabaja muy lento y emplea demasiada documentación, —según su ex amigo— para cualquier artículo periodístico, desesperando a su socio cuando preparan los primeros números de la revista.

Dentro de lo rescatable de la revista *Deutsch-Französischen JahrbücherK*, aparte de los escritos de Friedrich Engels, destacan dos artículos de Marx; uno, en el que describe la situación judía, que conoce y ha vivido en carne propia y que denomina: *La cuestión judía* y *Crítica de la filosofía del derecho de Hegel*. En el primero, Karl comenta respecto al judaísmo: "El problema de los hebreos no es cuestión de fe, sino de dinero y por eso no se resolverá con la emancipación religiosa, sino mediante la emancipación social.

"No convirtamos las cuestiones terrenas en teológicas; convirtamos en cambio las teológicas en terrenas. Cambiemos la organización económica y entonces desaparecerá el judaísmo con la sociedad actual, la que, basada sobre el interés y el egoísmo afianzados, es más hebrea que cualquier hebreo. ¿Cuál es el fundamento mundano del judaísmo? La necesidad práctica, el propio interés. ¿Cuál es el culto terreno del hebreo? El pequeño comercio.

"¿Cuál es su dios terreno? El dinero. ¡Y bien! La emancipación del pequeño comercio y del dinero y de allí el judaísmo práctico, real, sería la emancipación de nuestra época. Una organización de la sociedad que suprima las presuposiciones del pequeño comercio y de allí la posibilidad del pequeño comercio, habrían resultado imposible al hebreo. Su conocimiento religioso se disolvería, como un aroma se desvanece en la verdadera atmósfera vital de la sociedad".

Respecto a la *Crítica de Hegel*, dice: "Para Alemania, ha concluido la crítica de la religión y esta critica es la premisa de toda crítica. Lutero ha quebrantado la fe en la autoridad exterior, emancipando al cuerpo de las cadenas; pero él, colocando la religiosidad en lo íntimo del hombre, ha encadenado el corazón. La filosofía ha proseguido la obra y también el corazón vino a ser liberado. El superhombre, Dios, que la fantasía humana proyecta en el cielo, no es más que el reflejo del hombre; es el hombre el que crea a Dios y hace la religión.

"Ahora la **religión**, este **opio del pueblo**, esta felicidad ilusoria ha sido eliminada. Queda la persona humana, que en las condiciones actuales es frecuentemente aniquilada y pisoteada. Nosotros hoy, no obstante que la crítica de la religión haya demostrado que el hombre sea la cosa más elevada para el hombre, ahora nos hallamos en relaciones sociales, en las que el hombre es un ser envilecido, esclavizado, abandonado, despreciado.

"Después de la crítica del cielo, es indispensable la crítica de la tierra, vale decir la del derecho y de la política. Es preciso tomar conciencia de sí, para derribar todas las barreras y llegar a una revolución radical para la completa emancipación de todos. Y no se puede lograr eso sino con la creación de una clase, el proletariado, que no puede emanciparse a sí mismo, sin emancipar consigo a toda la sociedad.

"Tanto las relaciones jurídicas, como las formas del Estado, no se explican por sí mismas, ni acudiendo al llamado desarrollo general del espíritu humano, sino que tienen en cambio su raíz en las relaciones materiales de la vida... Y por eso la anatomía de la sociedad civil debe buscarse en la economía política".

En este extenso artículo, Marx también se pregunta si la misma Alemania es capaz de desarrollar, en la práctica, una revolución que no solamente la sitúe a la altura de los pueblos modernos, sino que, además, gane para el hombre las conquistas que se vislumbran en el futuro inmediato de esos pueblos. Sabe que el arma de la crítica no puede sustituir a la crítica de las armas, evidentemente. La fuerza material debe ser vencida mediante el uso de la fuerza material y en este aspecto la teoría es un instrumento en cuanto que convence a las masas y las convence porque es un argumento *ad hominem* , tanto más persuasivo tanto más radical.

Para Karl, "Ser radical significa atacar la raíz, la esencia de las cosas y la esencia de la persona es la persona misma... La crítica de la religión finaliza con el corolario de que no hay trascendencia fuera de la persona, es decir, con el imperativo categórico de abolir todas aquellas relaciones en las que la persona sea considerada como un ser humillado, esclavizado, desamparado, despreciable...

"La formación de una clase radicalmente unida... Que tenga carácter universal porque universales son sus padecimientos; que no reclame un privilegio determinado porque con ella no se comete una injusticia determinada, sino la injusticia a secas; que no aspire a entrar en la historia, sino a conquistar la humanidad… En suma, a recuperar su propia esencia mediante la plena recuperación del hombre y es el proletariado quien abolirá la sociedad basada en las clases".

"El proletariado nace en Alemania —según Marx— con la irrupción de la industria; no como consecuencia de una pobreza derivada de la naturaleza, sino generada artificialmente... Al igual que la filosofía halla en el proletariado sus armas materiales, el proletariado encuentra en la filosofía sus armas espirituales y apenas el relámpago del pensamiento haya hendido este inocente e ingenuo suelo popular, se consumará la emancipación de los alemanes y su conversión en personas...

"En Alemania no es posible abolir la servidumbre sin romper cada uno de los modos de dominación. La revolución no tendrá éxito en Alemania si no se hace desde la base, La emancipación del alemán es la emancipación del hombre; su cabeza es la filosofía, su corazón el proletariado. La filosofía no se llevará a cabo si no se subleva el proletariado y éste no se sublevará si no se lleva a cabo la filosofía".

Durante su estancia en París, que muchos ven como exilio, Karl conoce y entabla amistad con el poeta alemán, Heinrich Heine a quien influye durante algún tiempo diciendo que "he subido a un nuevo barco con nuevos compañeros" aludiendo a Marx, Ruge, Hess, Bakunin y Herwegh. Heine escribe varios poemas de tendencia comunista, destacando una sátira política titulada *Los tejedores de Silesia* y *Alemania, un cuento de invierno,* en la primera, confirma la interpretación de Karl de que la rebelión de los tejedores fue de los trabajadores contra sus opresores y no un simple motín de hambrientos.

En este año de 1844, Marx escribe un texto titulado *Economía política y filosofía* que no están destinados a ninguna publicación pero que permiten comprender la parte emular del estudio de la Filosofía que lleva a cabo Karl, no tanto como una materia a la que le dedica algunos años de su juventud y la "supera" por dedicarse a la Historia primero y a la Economía después, sino como base de sus futuros pensamientos y escritos. Con esto la comprensión de la obra completa de Karl Marx ya no empieza con *El Capital,* sino desde el punto de vista de estos escritos en los que abarca la situación global del hombre de su tiempo, como un filósofo que también se convertirá en historiador, economista y político.

Y de esos escritos se desprende una teoría que en la actualidad parece sacada de un libro de reconocidas universidades, ya que destaca que "La enajenación al trabajador de su trabajo se rige por la leyes de la economía política, de modo que cuanto más produce, menos le queda; cuanta más plusvalía crea, más se empobrece él; cuanto más perfecto el producto, más se deforma el trabajador; entre civilizado su objeto, más se embrutece él; cuanto más trabaja, más se debilita; cuanto más técnico se hace el trabajo, más esclavo de la naturaleza se vuelve el trabajador...

"El trabajo es externo al trabajador, es decir, no pertenece a su esencia; por tanto, el trabajador no se reafirma en su trabajo, sino que se niega, no se siente feliz, sino desgraciado, no desarrolla libremente su energía física y psíquica, sino que lacera su físico y arruina su inteligencia... Por ello su trabajo no es voluntario, sino impuesto, es un trabajador forzado".

Con lo anterior, Marx deduce que se enajena el trabajo, al hombre y a la vida alienada del hombre alienado, ya que esto "transforma la fidelidad en infidelidad, el amor en odio, el odio en amor, la virtud en vicio, el vicio en virtud, el siervo en señor, el señor en siervo, la estupidez en inteligencia, la inteligencia en estupidez". En pocas palabras, el proletariado es un hombre totalmente alienado y solamente cuando desaparezca el proletariado como tal, el hombre podrá realizarse a sí mismo y después de abolir la alienación será posible para el hombre una existencia que responda a la esencia y a la dignidad del género humano.

Con estos argumentos, Marx defiende su idea del comunismo como tal, ya que para él "supone la abolición objetiva de la propiedad privada, en cuanto causa de la auto alienación del hombre y la apropiación verdadera de la esencia humana por y para el hombre; es un cambio radical, consciente y lógico del hombre hacia sí mismo y para la sociedad. Este comunismo como perfecto naturalismo es a humanismo y en cuanto perfecto humanismo es igual a naturalismo, es la auténtica liquidación de la pugna entre la existencia y la esencia, entre libertad y necesidad, entre individuo y sociedad".

Por esta época, Marx se vincula con el escritor y sociólogo francés Pierre Joseph **Proudhon**, quien durante toda su vida condena la propiedad por considerarla antisocial y contraria al derecho natural, proponiendo la reorganización de la sociedad sobre bases mutualistas y federativas suprimiendo al Estado y todo órgano coercitivo. Con el paso de los años, rivaliza y polemiza con Karl ya que rechaza las ideas del filósofo alemán.

Por su parte, Marx siente una discreta estimación por Proudhon y aunque en ocasiones lo defiende de sus supuestos amigos, sobre todo de los que siguen su corriente de pensamiento, como los de la

Pierre Joseph Proudhon, primero amigo y después enemigo ideológico de Marx, es quien provoca una de las polémicas filosóficas más interesantes de su época entre él y Karl.

Gaceta de Literatura General, quienes tienen el atrevimiento de interpretar a capricho la obras del escritor francés, mutilando su verdadero sentido social con traducciones realmente aberrantes.

Pero también actúa en consecuencia cuando en 1846, Proudhon publica su obra *La Filosofía de la miseria*, a la cual responde Marx con *La Miseria de la Filosofía, réplica a la filosofía de la miseria del señor Proudhon*. Es tan contundente el razonamiento de Karl Heinrich, que la venganza del francés no tarda en llegar y entre sus amigos dice que "El libelo de cierto doctor Marx es un tejido de villanías, de calumnias, de sofisticaciones y de plagios de un loco que quiere provocar a sus propietarios una noche de san Bartolomé para apagar en sangre la ávida sed del proletariado".

Por razones más que obvias, los franceses apoyan a su compatriota, incluyendo a los obreros, quienes ven con simpatía las ideas de Proudhon por desconocer las de Marx, por lo tanto, la obra de éste pasa de noche gracias a una serie de complicidades del editor del libro, de los críticos que en lugar de deshacer su escrito con argumentos sólidos prefieren el más absoluto silencio, consecuentemente, la venta de ejemplares de *La Miseria de la Filosofía* resulta en un rotundo fracaso.

Karl Marx/Friedrich Engels

La gran amistad que nace entre estos dos librepensadores como lo son Karl Heinrich Marx y Friedrick Engels es, sin lugar a dudas, lo más relevante de la estancia del primero en París. De esos fuertes lazos amistosos y de coincidencia en ideas filosóficas, religiosas, económicas, políticas y sociales, no serán rotos nunca más que con la muerte de alguno de ellos, ¡cuarenta años después!

Friedrick Engels nace el martes 28 de noviembre de 1820 en Barmen, actualmente Wuppertal, Alemania. Hijo de un adinerado protestante capitalista que posee fábricas en

Alemania e Inglaterra, por lo que, a los 17 años es enviado a Bremen para ser adiestrado en el comercio. En esta ciudad, Engels decide abandonar la religión familiar, el calvinismo, para convertirse abiertamente en un librepensador e ingresar al grupo denominado *Freien*, donde los miembros tienen el propósito de librar una guerra pronta y a fondo contra todo residuo de religión.

Y aunque el primer contacto, breve, frío e insustancial entre Marx y Engels se da en 1842 en Colonia, Alemania, ambos tienen muchos puntos esenciales de coincidencia, sobre todo, en su misma conclusión de pensamientos libres y autónomos.

Engels escribe para la revista *Anales*... un interesante artículo titulado *Esbozo para una crítica de la Economía Política* en el cual demuestra que el autor ha llegado más lejos que Marx en este campo, mediante el estudio teórico y práctico de la economía inglesa. Estos conocimientos le faltan a Karl, por tanto, a partir de ahora él le consultará todo lo relacionado con este tema en especial.

Marx y Engels no son gemelos intelectuales ni nada que se le parezca, sino que para el primero, en lo referente al estudio de cualquier materia, requiere de un análisis a fondo, de una penetración sistemática y una larga meditación; para el segundo, gracias a su maravillosa comprensión intuitiva, deduce rápidamente la secuencia de un problema y expresa sus opiniones sobre él con frases elegantes, certeras y directas y cuando trabajan juntos, sincronizan a la perfección sus ideas y las amplían hasta sus últimas consecuencias.

Tienen su "debut" intelectual conjunto cuando polemizan con los hermanos Bauer en su escrito *La Sagrada Familia*, en el cual dan claras muestras de talento crítico, ironía, agudeza y seguridad en ellos, en una discusión excesivamente agresiva y minuciosa. Esta crítica se da porque los hermanos ofendidos afirman que se debe probar la insuficiencia y trivialidad del liberalismo y radicalismo de

1842, respondiendo a la presuntuosa, malévola, envidiosa y mezquina crítica del dueto alemán. Bruno Bauer escribe que el giro hacia el comunismo demuestra desorientación filosófica.

Esta polémica parece terminar cuando Karl escribe a Friedrich diciéndole: "El asunto se ha desorbitado. El olímpico desprecio con que nos oponemos al periódico literario contrasta con las veintidós páginas que le dedicamos. Además, la mayor parte de la crítica especulativa y abstracta será incomprensible para el gran público y se desinteresará de ella". Tiene toda la razón.

Malos años para Marx

Antes de finalizar 1844, Marx escribe dos artículos antiprusianos en el periódico parisino ¡Adelante! (Vorwärts¡), mismo que sufre de censura por parte del gobierno, llegando incluso a prohibir su circulación. Estas publicaciones son la punta del iceberg que permite al rey de Prusia solicitar y hasta exigir la expulsión de Karl y su familia de territorio francés, al ministro Guizot, vacilante al principio pero convencido por Alexander von Humboldt, petición que es aceptada y aplicada en tan sólo 24 horas, en enero de 1845.

Las protestas son muchas y variadas y las autoridades francesas deciden retirar el decreto de expulsión del país para casi todos los integrantes de ¡Adelante!, excepto para el revolucionario ruso Mikhail Bakunin*, algún otro empleado y Marx. Lo que es peor, es que el mismo Marx no

---

* Mikhail Bakunin. 1814-1876, es uno de los fundadores del anarquismo moderno. En varias ocasiones es condenado a muerte. Ingresa con su grupo en la Primera Internacional, fundada por Marx y Engels. Su discrepancia ideológica con ellos es motivo para ser expulsado en 1872. Es autor de *El Estado y la anarquía*, *Dios y el Estado* y *El Catecismo revolucionario*.

Mikhail Alexandrovich Bakunin. 1814-1876 Pensador revolucionario ruso, es uno de los principales fundadores del anarquismo.

puede regresar a Prusia porque tiene un juicio pendiente, por el delito de alta traición, que el gobierno de este país le abre por la publicación en la revista *Anales* de otros artículos en contra de este monarca. Por esta poderosa razón, Karl, su esposa e hija del mismo nombre que la madre, Jenny, nacida un año atrás, se trasladan a la ciudad de Bruselas, a la Rue d'Alliance 5-7. En este país y ciudad vivirá la familia Marx hasta 1848.

Durante su estancia en Bruselas, nacen dos hijos del matrimonio Laura y Edgar, este último fallecerá a los ocho años, por causa de la extrema pobreza que vivirá su familia en Inglaterra. Mientras tanto, Marx es maniatado como periodista porque es obligado a comprometerse a no publicar ningún artículo de corte político, pero no hay igualdad en las dos partes, ya que mientras Karl no hace críticas, el gobierno prusiano continua presionándolo y persiguiéndolo para llevarlo a un juicio que sería totalmente parcial y que le costaría hasta ir a prisión durante varios años, por lo tanto, en diciembre de 1845, renuncia a su nacionalidad prusiana.

Con tantas limitaciones en torno a Marx, su situación económica va de mal en peor, teniendo que recibir la más que generosa ayuda de Engels y de sus amigos de Colonia; como Jung y Claessen, quienes le envían dinero recolectado para la manutención de él y su familia: "Así al menos esos miserables no disfrutarán del placer de obligarte con su infamia a pasar apuros económicos", le dice Friedrick a Karl. Por su puesto que quien también sufre estos injustos embates monetarios, es Jenny, la baronesa de Westphalen, quien nunca ceja en su empeño de ayudar a su amado esposo en las malas y en las peores.

El mismo Friedrick apura a Marx para que se dedique a la escritura de una de sus obras consideradas cumbre: *Economía política*, por lo que le aporta generosas cantidades de dinero que el mismo Karl no tiene empacho no sólo en solicitarlo sino en recibirlo, además le promete y cumple Engels con llevarle excelentes botellas de vino, oporto y jerez, tan apreciadas por él.

La familia Marx no oculta su gran amor filial a su benefactor, por lo que es todo un acontecimiento cuando Friedrick los visita, curiosamente, el frío y calculador Karl Heinrich no puede trabajar ni concentrarse en sus cerebrales escritos, porque está impaciente esperando el arribo de su amigo y cuando éste llega, lo primero que hacen es abrazarse y tomar un lugar en la mesa para comer y posteriormente, pasar a la plática y discusión de muchos asuntos de interés mutuo, todo esto enmarcado por la degustación de excelentes vinos y mejores puros.

Es tal la forma de entenderse entre Marx y Engels', que tienen un modo especial para expresarse; por ejemplo, en sus cartas utilizan tres o cuatro idiomas o más si le es posible, como alemán, francés, inglés, italiano, español, ruso y otras lenguas que, sobre todo Karl, conoce bien, pero contrario a lo que parezca, en muchas de sus misivas se expresan tan vulgarmente de sus enemigos y hasta de su amigos, que causarían rubor y hasta escándalo entre las personas más vulgares de los barrios bajos de cualquier ciudad, de los "pueblerinos y mozalbetes", (como califican los dos amigos a los que no piensan como ellos) pero es una especie de catarsis que los dos amigos emplean para quitarse tantas presiones que tienen en la vida, sin que esto parezca una justificación.

Volviendo al trabajo serio, Marx también es urgido por sus amigos Engels y Weydemeyer para terminar su obra *Economía política,* sobre todo el segundo, quien no sabe que decir a cuantas personas muestran serias dudas sobre las posibilidades de implantar el comunismo en el mundo, ya que en anteriores escritos como los artículos de los *Anales* y en *La Sagrada familia*, apenas está delineado.

Pero Karl está más interesado en clarificar su interpretación de la historia y cimentar sus bases desde dentro de la misma. Por esta razón, escriben conjuntamente él y Engels *La Ideología Alemana,* en la cual hay una abierta oposición a las ideas y planteamientos del filósofo materialista Ludwig Feuerbach, Bruno Bauer y Max Stirner (seudónimo del filósofo alemán Caspar Schmidt), la dupla defiende los principios básicos de la filosofía comunista y sostienen una detallada exposición de la nueva visión de la historia y que el mismo Friedrick llamará tiempo después, *Concepción materialista de la historia.*

Pero este minucioso trabajo es dejado "para la crítica voraz de las ratas" es decir, que ninguno de los dos ve publicada la obra en vida, ya que es incluido en una recopilación de sus obras llamada: *Escritos tempranos.* Esto se debe a la intensa labor de Meyer, quien en 1920 la descubre en el archivo del Partido Socialdemócrata de Berlín y la incluye en la elaboración de la biografía de Engels y publicada en el *Archivo Marx-Engels* en 1926 y después en las *Werke* a cargo de Rjazanov. Finalmente, Marx acepta que a pesar

Ludwig Feuerbach es uno de los más acérrimos críticos del ala izquierda de los seguidores de las enseñanzas de Hegel.

de no ser publicado este trabajo, cumple con su objetivo primordial; explicarse sus teorías entre ellos.

Aunque Karl tiene la prohibición de escribir sobre política, no está impedido para ser parte fundamental de la creación del Círculo Obrero Alemán, apoderarse de la *Gaceta Alemana* de Bruselas y ser parte de la unión de demócratas bruselenses y sobre todo, de hablar sobre el cristianismo con los socialistas franceses de la *Réforme*.

Y lo hace con sus colaboraciones en la *Gaceta Alemana de Bruselas*, considerado como un órgano importante de la democracia europea. El *Observador Renano* exalta los principios sociales del cristianismo provocando la ira de Marx, quien protesta al exclamar en su colaboración en la revis-

57

ta: "Los principios sociales del cristianismo han justificado la esclavitud antigua, han glorificado la servidumbre de la tierra en el medioevo y en caso de necesidad saben también defender — del mismo modo con aire lamentable — la opresión del proletariado.

"Los principios sociales del cristianismo predican la necesidad de una clase dominante y de otra oprimida y para esta última tienen el único afán de que la primera se beneficie. Los principios sociales del cristianismo sitúan en el cielo la administrativa nivelación de todas las infamias y con ello justifican la duración de todas éstas sobre la tierra. Los principios sociales del cristianismo declaran que todas las maldades de los opresores contra los oprimidos son un justo castigo por el pecado original y tal vez por otros pecados, esto es, que son pruebas a las que el Señor, en su sabiduría infinita, quiere colocar a los redimidos.

"Los principios sociales del cristianismo predican la vileza, el desprecio de sí mismo, el envilecimiento, el sometimiento, la humildad, en suma todas las cualidades del canalla; el proletariado, que no quiere dejarse tratar como canalla, tiene la necesidad de su valor, de su dignidad, de su orgullo y de su sentido de independencia mucho más que el de su pan. Los principios sociales del cristianismo son engañosos y el proletariado es revolucionario".

En 1847, es fundada la *Asociación Democrática,* para unir a los belgas demócratas con los expulsados de otros países, en este grupo destaca Engels como vicepresidente, quien trata de influir entre sus agremiados para que elijan a Marx como presidente, pero el Doctor en Filosofía posee certeza y coherencia interior de sus pensamientos que convierten su actividad en severidad, ya que nunca está contento y es sumamente difícil pensar en Marx y Engels como dirigentes de partidos o asociaciones políticas, porque ambos carecen de un requisito sumamente esencial: saber tratar a las personas como sus iguales, dado que sus pláticas con los demás son cortantes y ásperas.

Y contrario a lo que pueda apreciarse, es Friedrick quien contagia a Karl está despectiva forma de relacionarse con los demás y sobre todo, con los obreros, a quienes califican de "pueblerinos y torpes", términos que ambos emplean durante toda su vida para referirse a la gente que consideran vulgar, corriente y poco inteligente.

Esta es una clara descripción de cómo ven a Marx los demás que están fuera de su círculo social, como la del ruso Paul Annenkow, quien visita a Karl durante su residencia en Bruselas y después de conocerlo, comenta: "A su personalidad, caracterizada por su energía, firmeza y seguridad inquebrantable se une una apariencia externa altamente notable: melena negra y abundante, manos cubiertas de vello y americana cruzada. Da la impresión de ser un hombre que tiene en sus manos el derecho y el poder de exigir atención, aún cuando su aspecto y conducta parezcan singulares en extremo; de movimientos torpes, pero resueltos y firmes.

"Sus modales, francamente opuestos a todas las normas sociales, son orgullosos y tiene una pizca de desdén; su voz cortante, dura como metal, armoniza perfectamente con sus juicios radicales sobre personas y situaciones. Habla siempre en un tono imperativo que desbarata cualquier intento de oposición, impregna cada una de sus palabras y constituye un estímulo físico casi doloroso.

"Su forma de expresarse trasmite la convicción enraizada en lo más profundo de su ser, de que su misión es dominar los espíritus y prescribirles normas de conducta. Ante mi tenía la viva encarnación de un dictador democrático, tal como pudiera haberlo imaginado en un rapto de fantasía".

Curiosamente, por poseer estas dotes, en noviembre de 1847, la *Asociación Democrática* designa a Marx como su representante para que acuda a la ciudad de Londres, a la *International Meeting* de los *Demócratas Fraternales*, coincidiendo con el congreso en el mismo sitio de la *Liga de los*

Comunistas, a la que también pertenecen Karl y Friedrich; un congreso sumamente importante porque aportará las primeras ideas sólidas para cristalizar lo que posteriormente se llamará *El Manifiesto Comunista*.

De estas intervenciones de Karl Heinrich Marx y en la del *Grupo de Trabajadores Alemanes*, critica abiertamente al salario y al capital: "El capital y el trabajo están coaligados y sus intereses son idénticos. El obrero va a la ruina si el capitalista no le da trabajo; va también a la ruina el capital, si no trabaja el obrero. Puede creerse también, que los intereses del usurero y del despilfarrador están unidos y son dos términos de una misa relación. Pero no es verdad que 'cuanto más el capital es pingüe, tanto mejor viene engordando el esclavo'. No, el capital se acrecienta con la concurrencia entre los capitalistas, con la loca rivalidad por la introducción de nuevas máquinas.

"Los generales, los capitalistas, guerrean entre sí para licenciar el mayor número posible de soldados de la industria. Y de tal suerte, la selva de los brazos que se levantan en alto se hace siempre más espesa; los brazos se vuelven siempre más flacos; las catástrofes industriales, las crisis engullen por millones a las víctimas proletarias; los señores que quiebran, arrastran consigo al sepulcro los cadáveres de sus esclavos; son sacrificadas multitudes de obreros y todo esto, ¡oh trabajadores, para honor y gloria de la mutua colaboración entre el capital y el trabajo!"

La actividad en pro de la comprensión, asimilación e implantación del comunismo en el mundo, lleva a la dupla alemana Marx-Engels a reorganizar la *Liga de los Comunistas*, siendo el segundo quien defina los objetivos de la agrupación: "Después de un proceso de renovación total, llevado a cabo entre noviembre y diciembre de 1847. Marx está presente y sostiene en largas discusiones de por lo menos diez días, la nueva teoría. Pone fin a todas las dudas y contradicciones; donde los nuevos principios son unánimemente aceptados y Marx y yo encargados de elaborar el *Manifiesto* de la liga.

Eso sobreviene inmediatamente después. Pocas semanas antes de la revolución de febrero es despachado a Londres para la impresión. Desde entonces ha dado la vuelta al mundo y ha sido traducido a casi todas las lenguas y aun hoy sirve en los más diversos países como hilo conductor del movimiento proletario. En lugar del antiguo lema de la Liga: *Todos los hombres son hermanos*, es suplantado por el nuevo grito de batalla: ¡*Proletarios de todo el mundo, uníos!*"

La redacción del *Manifiesto* es considerada por Karl Marx como a mediano y largo plazos, por ello, el lunes 24 de enero de 1848, el Comité Central la *Liga de los Comunistas*, envía una carta al regional de Bruselas para que comunique al ciudadano Marx que si el *Manifiesto* no está en Londres a más tardar el martes 1 de febrero, se tomarán drásticas medidas contra él.

Pero aunque las amenazas no van con Karl, habla con Engels sobre el contenido del *Manifiesto* y éste le dice: "Piensa detenidamente en nuestra declaración de intenciones. Me parece más oportuno cambiar su forma literaria y titularlo simplemente *Manifiesto Comunista*, puesto que en él debemos remitirnos ineludiblemente a la historia, (ya que) su forma actual desentona por completo".

Revoluciones en Europa

Marx entrega su trabajo durante los primeros días de febrero, por lo que, algunos días después es publicado, antes del estallamiento de la revolución que mueve a miles de trabajadores en las principales capitales europeas, como París, Londres, Milán, Viena y Berlín, provocando una enorme alegría en Marx, ya que toma estos momentos como los de la esperanza para el proletariado.

Pero, el pesimismo de Engels es mucho en cuanto a logros y se los describe a Karl en una carta, en la que le comenta con tristeza: "La Liga (de Comunistas) aquí va de mal en peor. En mi vida he visto tal carencia de energía y tantas envidias mezquinas. Estos asnos se han adscrito al utopismo de Weitling y al proudhonismo, así que no hay nada que hacer. Unos son auténticos paludos, otro, pequeños burgueses en germen".

El jueves 24 de febrero de 1848 estalla la revolución en París, el lunes 13 de marzo en Viena y el sábado 18 del mismo mes, en Berlín. Sin embargo, la respuesta de los gobiernos de los países sublevados actúan en contra de los líderes de estos movimientos revolucionarios, siendo Karl Heinrich el más asediado por las autoridades de Bruselas, por lo que la noche del viernes 3 de marzo de 1848 es aprehendido y deportado, junto con su esposa e hijos, no a Alemania, sino a Francia, donde el mismo Marx quería irse antes de su arresto y deportación.

En París logran reunirse Marx, Engels y otros revolucionarios enfocando sus miradas hacia Alemania y dirigiendo una proclama para reivindicar este movimiento revolucionario europeo. Por su parte, en la misma capital francesa, se reúnen legiones de rebeldes deseosos de participar en esta lucha en sus países de origen. Los alemanes son seducidos por el ruso Mikhail Bakunin y Herwegh quienes intentan constituir una falange para sublevar a toda Alemania, siendo derrotados y dispersados en cuanto cruzan la frontera galo-germana.

Desde luego que Marx se opone terminantemente a lo que el llama "juegos revolucionarios", por lo que funda en París un club comunista, aconsejando a los trabajadores a no unirse a la *Liga de los Comunistas* y regresar a sus naciones, uno por uno le hacen caso, alrededor de trescientos de ellos, por lo que los estados germánicos estallan en lucha revolucionaria, logran derribar los antiguos ministerios, exigen el sufragio universal de todos los mayores de 21 años, la libertad de imprenta, la guardia cívica, la declaración de Alemania como república única e indivisible; el armamento general del pueblo, abolición sin indemnización de cargas feudales, nacionalización de fincas, minas, medios de transporte e hipotecas sobre tierras de los campesinos; banca estatal y no privada, diferencias salariales entre funcionarios públicos atendiendo solamente a su estado civil, restricción del derecho de herencia; talleres nacionales, instrucción pública general y gratuita y otras reivindicaciones, sumamente avanzadas para su época y circunstancia.

Marx y Engels llegan hasta Colonia para fundar un periódico, pero son vistos con malos ojos y les exigen que se vayan a Berlín, pero no aceptan, en esa ciudad no hay tantas libertades como de las que gozan en Colonia y esta resistencia da frutos: el jueves 1 de junio de 1848 sale al público el impreso *Nueva Gaceta Renana (Neue Rheinsche Zeitung)* y lo mejor es que Karl Marx es el jefe de redacción del periódico.

Pero a la aparición del primer número, la mitad de accionistas del mismo retiran sus aportaciones y a cada grito periodístico de Marx como: ¡*Revolución Permanente!* Y ¡*Emancipación de la clase obrera!* más socios se alejan del periódico y de la revolución, iniciando el movimiento contrarrevolucionario, Marx y Engels creen que esta conmoción europea es la que implantará el comunismo en Europa primero y después en el mundo.

Desde su fundación, el periódico hace campaña a favor de la guerra revolucionaria contra Rusia. Karl, Friedrick y muchos liberales, consideran a este país como el baluarte de la reacción europea, un freno para la obtención de la libertad, por eso, aparece impreso en la *Nueva Gaceta Renana* que "La guerra con Rusia es una guerra de la Alemania revolucionaria, una guerra que lavará las culpas del pasado y nos infundirá nuevas fuerzas; una guerra en la que serán vencidos los autócratas y que permitirá, como

Esta fotografía muestra a un Karl Marx maduro y en plena actividad como jefe redactor de la *Nueva Revista Renana*.

conviene a un pueblo que se sacude las cadenas de una larga y pesada esclavitud, pagar con el sacrificio de sus hijos el precio de la civilización y la libertad interior, haciendo libres a otros países fuera de sus fronteras".

El periódico de Marx, (nunca jamás dicho con tal exactitud) promueve los movimientos revolucionarios, niega a los pequeños pueblos eslavos un futuro histórico porque los considera instrumentos de los zaristas y porque las conquistas históricas de las grandes naciones no se consiguen sin violencia. Además, la línea editorial resalta su enorme fe en el resurgimiento de la revolución, por lo que en septiembre, opina que la crisis del gobierno prusiano puede ser la chispa que encienda el nuevo proceso revolucionario:

"En París será derrotado el contragolpe que destruyó la revolución de junio. Tras la victoria de la 'República roja' en París, los ejércitos marcharán del interior del país hacia las fronteras y el auténtico poder de los partidos en lucha se manifestará claramente. Entonces nos acordaremos de junio y octubre y también nosotros gritaremos: ¡*Vae victis!*, las matanzas inútiles desde los días de junio y octubre... Y el canibalismo de la misma contrarrevolución convencerá a los pueblos de que sólo hay un medio de acortar, de simplificar la agonía de la vieja sociedad y los dolores del parto de la nueva sociedad, sólo un medio: el terrorismo revolucionario".

Hacia finales de 1848, Karl es enjuiciado, acusado por incitar a la rebelión armada y justificar el derecho del pueblo a la resistencia como respuesta a las maniobras contrarrevolucionarias del gobierno, pero un tribunal de Colonia lo absuelve para evitar mayores tumultos por esta acusación de mucho peso.

Por su parte, Engels tiene muchas dudas de lo que realmente pueden hacer como agrupación comunista, ya que están divididos en pequeños "feudos" y es preciso un enorme esfuerzo para constituirse en un auténtico movimiento del proletariado. Con amplio sentido histórico, por lo que escribe a Marx con amargura desde su ciudad natal, Barmen: "La cuestión es, en el fondo, que aquí los burgueses radicales nos consideran sus futuros enemigos y por tanto, no quieren poner en nuestras manos armas que no tardarían en volverse en contra suya...

Si se divulgara por aquí un solo folleto de nuestras diecisiete 'Reivindicaciones', todo se habrá ido a pique definitivamente. En estos ambientes burgueses, la atmósfera es francamente desagradable. Los trabajadores comienzan a moverse, toscamente, pero en masa. Inmediatamente han formado asociaciones, lo que para nosotros representa un obstáculo... El club político de Elberfeld... rechaza todos los intentos por debatir cuestiones sociales, pese a que todos sus miembros defienden la necesidad de incluir esas cuestiones en el orden del día, ¡pero recomiendan que no nos anticipemos a los tiempos!"

Lamentablemente para ellos y muchos de sus seguidores, no pueden implantar el comunismo en ningún lugar, tan no pueden, que Friedrick tiene que salir huyendo de Colonia, ya que han expedido órdenes de arresto para todos los redactores de la *Nueva Gaceta Renana* y el primero en tener que huir es él, teniendo que radicar brevemente en Bélgica, Francia y Suiza y lo peor, es que no tiene un solo centavo para sobrevivir, ya que su padre está sumamente enojado con él y ni pensar en enviarle monedas sino más bien "mil balas directas al cerebro".

Aún así, Marx logra hacer un viaje al exterior para solicitar una pequeña ayuda de sus amigos para enviársela a Engels, ¡es la primera vez y tal vez la única en la que Karl le proporciona dinero a Friedrick! Con todo esto, el único final posible para la *Nueva Gaceta Renana* es que el sábado 19 de mayo de 1849 la publicación lanza su número 301, el del cierre definitivo, publicado en papel rojo y dando un mensaje de despedida ya conocido: *¡Emancipación de la clase obrera!*

Y más tarda en aparecer el periódico que Marx en llegar a París, expulsado de Alemania, por considerarlo un apátrida. Una vez en la capital francesa, las autoridades quieren enviarlo a Morbihan, un sitio al noroeste de la Bretaña francesa que se encuentra en medio de los pantanos. Para evitar la ejecución de la orden de exilio, Karl marcha nuevamente a Londres, llevando ya germinada la semilla de fundar un nuevo periódico, incluso, dice contar con parte del dinero para ello. Después de Alemania, Inglaterra es la patria más querida por Marx, aunque durante varios años lamentará vivir en este país.

3

Lastimosa estancia de la familia Marx en Londres

Marx, su esposa Jenny, sus hijos y Helene Demuth llegan a Londres a finales de agosto de 1850 con la intención de que él edite mensualmente la versión inglesa de la *Nueva Revista Renana* lo más pronto posible, pero se embarca en otra empresa similar con la *Politisch-ökonomischen Revue* (*Revista Económica-Política*) de la que solamente logran vender algunas suscripciones y cinco números de la misma, esto, como consecuencia del fracaso de la revolución, provocando la caída de la moral entre sus partidarios.

Y aunque este hecho lo molesta interiormente, aún tiene bríos para hablar de ella en uno de los cinco ejemplares de la revista: "La bandera tricolor, una vez bañada en la sangre de los insurgentes de junio, se convertirá en la enseña de la revolución europea, en la bandera roja. Y nosotros gritamos: '¡La revolución ha muerto! ¡Viva la revolución!'

Karl sufre enormemente al comprender que el camino de la revolución ha sido destruido y aniquilado, ahora, lo importante es tratar de revivirla, por lo que durante los tres años siguientes, los dedica a revisar sus concepciones y teorías revolucionarias, abandonando la organización política y dándole un cambio a sus actividades.

Marx, en el último número de la revista, publica lo que para él son las verdaderas causas del fracaso de la revolución: "La crisis comercial de 1847 y sus repercusiones en el continente europeo (es) lo que posibilitó las revoluciones en Europa y la prosperidad económica de 1849 la que había paralizado el ímpetu revolucionario en todos los países. Esta prosperidad general imposibilita una auténtica revolución. La revolución sólo será posible durante aquellos periodos en los que esos dos factores, las modernas fuerzas productivas y las fuerzas de producción burguesas, entren en contradicción mutua.

"Las diferentes controversias en las que actualmente se enzarzan los representantes de las fracciones del partido en el continente... son sólo posibles gracias a que, por el momento, la situación es muy estable y burguesa, aunque esto último la reacción lo ignora.

"Los intentos de detener la evolución burguesa, la indignación moral y las entusiastas proclamas de los demócratas se estrellarán contra ese muro. La evolución sólo será posible si viene acompañada de una nueva crisis, pero tanto la una como la otra son inevitables".

La actividad de Karl en Inglaterra no se circunscribe únicamente a la publicación de su fracasada revista, sino que, en cuanto llega a Londres, crea un nuevo grupo, su símil a la *Liga de Comunistas,* junto con Engels, Willich, Bauer y Pfänder apoyando a los refugiados librepensadores que llegan a la capital británica. Mientras tanto, otros comunistas fuera de la ciudad continúan con su lucha revolucionaria, ellos aún no entienden, como ya lo han hecho Karl, Friedrich y otros, que la revolución ya no es posible en las actuales condiciones socio-política-económica del viejo continente.

Por esto, Karl Marx no deja duda al respecto del pensamiento de la *Liga de Comunistas,* radicados en Londres en su mayoría, cuando el 15 de septiembre de 1850, los opositores dicen ante la asamblea del Comité Central: "En lugar de una crítica razonada, la minoría utiliza el dogmatismo; el idealismo en lugar del materialismo. En lugar de valorar las condiciones objetivas, sus miembros convierten la propia voluntad en el motor de la revolución.

"Nosotros decimos a los trabajadores: tendrán que soportar 15, 20, 50 años de guerras fraticidas y conflictos entre las naciones, no sólo para transformar las condiciones objetivas, sino sobre todo para transformarlos a ustedes antes de acceder al poder político. Ustedes son todo lo contrario: ¡Si no conseguimos pronto el poder, ya podemos echarnos a dormir!

"Nosotros mostramos a los obreros, sobre todo a los alemanes, la inmadurez del proletariado. Ustedes, en cambio, lisonjean de la forma más burda el nacionalismo y los prejuicios de clase de los obreros alemanes, ardid con el que evidentemente te gana popularidad. Los demócratas santifican el término pueblo, ustedes hacen lo mismo con la palabra proletariado". Con esto se confirma la escisión de agrupaciones comunistas.

Pero el enfrentamientos entre facciones comunistas es tan evidente, que mientras la liga es trasladada a Colonia, Alemania, las dos existentes en Londres continúan con sus enfrentamientos, siendo la dupla Willich-Schapper quienes parecen satisfacer más el idealismo de sus agremiados, en tanto que la que está integrada por Marx-Engels cada vez están más aislados, aunque esta situación parece agradar mucho a Karl, dado lo que le escribe a Friedrich el martes 11 de febrero de 1851: "...Por lo demás, me agrada el notorio y autentico aislamiento en que los dos nos hallamos en estos momentos y que obedece a una coherencia con nuestros principios.

"Basta de hacer concesiones mutuas, de soportar análisis deficientes por educación, de asumir ante los demás, antes estos asnos, cosas ridículas. Todo esto se ha acabado". Y el jueves 13 de febrero recibe la respuesta de Engels: "Por fin ahora —y por primera vez desde hace mucho tiempo— estamos en situación de demostrar que no necesitamos la popularidad ni el soporte de un partido en ningún país; que no arriesgamos nuestra independencia en semejantes bagatelas...

"Cuando esos señores nos necesiten, nosotros dictaremos nuestras propias condiciones... ¿Cómo personas como nosotros, que huyen de la hipocresía como si fuera la peste, podrían militar en un 'partido'? ¿Qué nos importará a nosotros, que despreciamos la popularidad, que si nos equivocamos somos nosotros mismos, qué nos importará, repito, un 'partido', es decir, una pandilla de asnos, que votan por nosotros porque nos creen iguales a ellos?

"En verdad que es una suerte no 'representar' más a esos estúpidos lacayos con los que nos habíamos confundido en los últimos años... ¿Qué quedará de todos los chismes y habladurías que harán a costa tuya esos vulgares emigrantes si les respondes con la 'Economía'?"

La actividad de Marx desde su llegada al exilio londinense es cada día más reducida, por lo que sus quejas van en aumento en la medida en que tiene que empeñar hasta ¡su ropa de uso diario! para poder sobrevivir en la extrema pobreza en la que ha caído, junto con su familia. Como las desgracias no llegan solas, tiene que solicitar nuevamente la ayuda de su amigo Engels, a quien le escribe en septiembre de 1852, lamentándose de su paupérrima situación económica: "Mi esposa está enferma; Norina tiene una especie de fiebre nerviosa. No puedo y no he podido llamar al médico porque no tengo dinero para las medicinas. Desde hace ocho o diez días he puesto a la familia a dieta de pan y patatas y es problemático si podré también procurármelos hoy".

Aquellos malvados "perros" de acreedores no perdonan la falta de pago por parte de Karl, por lo que los caseros lo lanzan de sus viviendas, (aunque logran vivir en la calle Dean 64, de mayo de 1850 a octubre de 1856) no tienen efectivo para comprar carbón en invierno, pierde muchos días sin estudiar ni escribir con tal de conseguir un poco de dinero, pero esto no impide que el carnicero no les fíe más carne, que el panadero les niegue el pan e incluso, que con esto, Jenny piense continuamente en el suicidio, desesperada por esta tremenda escasez de efectivo: "Cada día deseo descender con mis hijos a la fosa", dice ella con frecuencia.

Y continúa comentando con desesperación: "En la Pascua de 1852, enfermó nuestra pobre Francisquita de una grave bronquitis. Durante tres días la pobre niña luchó con la muerte... La muerte llegó en la época de nuestra más cruda miseria... Faltaba el dinero para la sepultura. Entonces acudí a un desterrado francés que vivía cerca y que poco antes nos había hecho una visita. Él me dio dos libras esterlinas. Con estas, compré el pequeño féretro en el que ahora mi pobre niña duerme en paz. ¡Ella no ha tenido una cuna cuando vino al mundo; hasta el ataúd, su última casa, le fue de este modo largamente disputado!"

El mismo Marx cuenta su versión sobre este triste acontecimiento: "Estábamos con los otros tres pequeños y nosotros llorábamos por aquel angelito que yacía a nuestro lado yerto y pálido. La muerte de nuestra querida hija acaeció en le periodo de más amarga pobreza. Yo me encaminé corriendo a casa de un refugiado francés que vivía cerca y que no hacía mucho nos había visitado. Él, con gran amabilidad me dio en el mismo momento dos libras esterlinas. Con ellas compré el diminuto ataúd en el que ahora duerme en paz mi pobre niña. Careció de cuna al venir al mundo y hasta la última morada le fue negada durante algún tiempo".

Y es que la pobreza y la muerte verdaderamente se había ensañado con los hijos del matrimonio, pues en 1847 nace Edgar, quien fallece en 1855; Fawkes, quien llega al mundo en 1849, muere en 1851 y Francisca, nacida en 1851 y muere un año después.

Incluso, Pieper, amigo mutuo de Karl y Friedrich, le comenta a éste último que "Marx vive como un ermitaño. Sus únicos amigos son John Stuart Mill y Loyd y cuando alguien lo visita, es recibido con categorías económicas en lugar de con cumplidos". Y para colmo de la mala suerte, cuando por fin la familia Marx logra tener una cantidad considerable de dinero, dado que Jenny recibe la herencia de su madre, decide hacer un depósito de 1,300 thalers en un banco de Tréveris, el dueño, aún sabiendo que la bancarrota de su negocio es inminente, recibe el dinero y lo declara como parte de su quiebra, dejando nuevamente sin efectivo a Karl y su familia.

Es tal la pobreza de los Marx, que en muchas ocasiones cuando tienen visitas, nadie puede atenderlas porque sucede que alguno o varios de los hijos y hasta Jenny, la madre, están enfermos, desesperando a Karl por esta precaria situación que parece no tener fin, por esto dice a Engels: "Toda la casa era y es un hospital. No hay asnería más grande para las personas de aspiraciones universales, que la de casarse y de entregarse así a las pequeñas miserias de la vida doméstica y privada", dando a entender que está arrepentido de haber contraído nupcias a pesar de adorar a la baronesa de Westphalen.

El mismo Karl sufre de severas enfermedades del hígado y vesícula desde 1849, mismas que no lo abandonarán jamás, padeciendo constantes ataques de migraña, inflamación de ojos y dolores reumáticos, sobre todo en época de primavera, aumentando en dolor a medida que pasan los años.

Todas estas tribulaciones de Karl y su familia no han sido suficientes, ya que tiene que retirarse de la actividad política. Solamente un tiempo después empieza a escribir para la revista de Weydemeyer en medio de privaciones y hambre, éste tiene la intención de publicarla en Estados

Unidos. Esta colaboración tiene el largo nombre de *Revolución muerta. El golpe de Estado de Napoleón III: El Dieciocho Brumario* de Luis Bonaparte.*

En esta obra, Marx describe el periodo histórico que se refiere a 1848-1849 desde el punto de vista del golpe de Estado del 2 de diciembre, sin darle tanta importancia al desarrollo de los hechos sino a su lógica interior y con expresiones y afirmaciones rigoristas, rompe la telaraña de situaciones sumamente complejas.

Los dueños del dinero no pueden explicarse realmente qué pasó con esta nueva revolución francesa, por lo que Marx explora su concepción materialista de la historia y la teoría de la lucha de clases, ya que ésta es la que lleva en realidad al martes 2 de diciembre de 1851, por la impotencia de la burguesía para continuar gobernando con métodos tradicionales ya rebasados por la historia. Encontrándose, por un lado, la inoperancia de la burguesía gobernante, su grosera demagogia, la corrupción y la dependencia relativa del poder estatal y por otro, la inmadurez del proletariado las pésimas relaciones entre partidos, políticos y representantes de clases.

También describe el atraso de los campesinos su alejamiento de la vida política y cultural de las ciudades y sus tendencias contradictorias como la revolucionaria y conservadora y es sumamente insistente en la unión y alianza de obreros y campesinos.

Después de la segunda revolución francesa, surge la esperanza de exportarla a toda costa a Inglaterra, Suiza y

---

* Brumario es el segundo mes del año según el calendario republicano francés que inicia entre el 22 ó 23 de octubre al 20 ó 21 de noviembre. El 18-19 de brumario de 1799, correspondiente a 9-10 de noviembre, tiene lugar el homónimo golpe de Estado de Napoleón Bonaparte, para poner fin al Directorio y formar un Consulado provisional compuesto por Bonaparte, Sieyès y Roger-Ducos.

Estados Unidos, formando grupos y asociaciones en la oscuridad, sin tomar en cuenta que con ello dan a los reaccionarios más argumentos para reprimir a los militantes comunistas que amenazan con extenderse no solamente a Europa sino al nuevo continente americano.

Lamentablemente para él, no se cumplen sus esperanzas con la publicación porque se imprime con mucho retraso y en tiraje muy corto y aunque Marx culpa erróneamente a Weydemeyer del fracaso su colaboración, siente más coraje al decir que una participación similar del escritor y sociólogo francés Pierre Joseph Proudhon, fue recompensada con muchos francos, nuevamente aparece el factor económico.

Aunque la miseria es recalcitrantemente grosera con los miembros de la familia Marx, Karl parece no hacerle caso, al menos trata de evitarla, teniendo que confesarle a un amigo, en 1852, las mismas acciones denigrantes de los acreedores y de las enfermedades: "Habrás observado por mis cartas que transito en la miseria con gran indiferencia, aún cuando estoy hundido en ella hasta el cuello. Mi casa parece un hospital y la crisis es tan aguda que me obliga a prestarles toda mi atención...

"... Se avecinaban tiempos difíciles: mi esposa está enferma, la pequeña Jenny está enferma, Lenchen ha contraído una especie de fiebre nerviosa. No quiero ni puedo llamar al médico porque no tengo dinero para comprar los remedios... Ni tan siquiera unos peniques para comprar y leer los periódicos para escribir para Dana... ¿Cómo me las arreglaré para salir de esta miseria del demonio?"

Proceso en Colonia

En lo que Karl soluciona sus problemas, también se preocupa por los de los demás, sobre todo al darse cuenta de que en cada ocasión en que hay arrestos contra comunistas y revolucionarios, no lo hacen contra los líderes sino

Esta es la casa donde vive la familia Marx en Londres, en la Dean Street 64, de 1850 a 1856.

contra sus colaboradores cercanos, aún más si se trata de divulgar la revolución promocionada por Karl Marx y Friedrich Engels, por esto, el jefe de policía de Berlín asegura que los hombres más peligrosos son los revolucionarios cercanos a Marx, considerados como dotados de gran talento.

Después de arrestar a cuantos pueden, la policía lleva a cabo el proceso de Colonia montado contra comunistas, iniciado el lunes 4 de octubre de 1852, cuando los cuerpos policíacos de diversos países, una vez puestos de acuerdo, fabrican pruebas falsas sobre una supuesta actividad de conspiración, por lo que tanto Karl como Friedrich hacen enormes esfuerzos para auxiliar a sus camaradas, desde luego que sorteando enormes dificultades, puesto que los periódicos franceses e ingleses se niegan sistemáticamente a publicar sus cartas.

Es entre el jueves 28 y sábado 30 de octubre de 1852, en Inglaterra, cuando logran publicar una declaración firmada en la que refutan los "argumentos" de sus enemigos, saben que las pruebas de la falsificación solamente pueden salir de la casa de Karl, por lo que trabaja todo el día y hasta las primeras horas del siguiente, para, posteriormente, hacer de entre seis u ocho copias exactas de cada documento y enviarlos a Alemania por diferentes rutas, ya que toda la correspondencia enviada a y por Marx es materialmente robada por la policía para evitar que llegue a su destino.

En sus *Revelaciones sobre el proceso de los comunistas en Colonia* Karl, como es su costumbre critica con extrema dureza el comportamiento poco ético y moral de la policía y su falsa actitud de justicia, pero el folleto no tiene ningún efecto ni entre los gobernantes y su policía, ni, lamentablemente para el filósofo, en los propios comunistas, por lo que, decepcionado, Marx le escribe a Engels: "Los nuestros en Alemania son, a decir verdad, unos perros débiles y miserables. Ni una palabra ha salido de sus bocas. Saben por los periódicos que se ha editado un folleto sobre la causa, pero no se molestarán ni siquiera en informarse. Esos tipos carentes de energía son unos apáticos, una viejecitas, eso es lo que son".

Por esta actitud apática de sus integrantes, el movimiento de la *Liga de los Comunistas* es desarticulado en Alemania, por lo que antes de finalizar ese año, el 17 de noviembre de 1852, el Comité Central procede a disolverla, reconociéndoseles con el tiempo su importancia en la posterior formación de partidos obreros, en ella se formaron los cuadros de la revolución y se templaron las primeras armas de organización y experiencia ideológica.

Este es el final de un largo proceso alrededor de la revolución europea, iniciada en 1848, donde fueron "bautizados" revolucionariamente la dupla Marx-Engels y algunos más, en la que aportan desde ideas y manifiestos hasta armas, como en el caso concreto de Friedrick; llegan a conclusiones sobre la marcha y saben exactamente en qué etapas están los distintos movimientos, dependiendo del lugar y sus antecedentes individuales.

Más penurias económicas

A pesar de los avances en materia ideológica de Marx y Engels, Karl no puede y no sabe qué hacer para obtener dinero; más cuando por fin le llega alguna considerable cantidad, se les va de las manos a él y a su esposa Jenny, teniendo padecimientos económicos aún mayores que antes, como nos muestra este ejemplo: En 1856, la esposa de Karl, al morir su madre y tío, hereda cinco mil marcos, permitiendo la mudanza de la familia a la calle Grafton Terrace 9, otro barrio pobre de Londres, teniendo la ayuda económica de Friedrich para comprar muebles nuevos, sin embargo, para enero de 1957, Marx comenta: "Estoy en una situación mucho más desesperada que hace cinco años y ya no sé qué camino tomar.

"Creía haber degustado la quinta esencia de la inmundicia. Con todo, lo peor es que la crisis no tiene visos de terminar. No sé a qué dedicarme para abrirme camino". Y para marzo de ese año, nuevamente se queja: "Todo cuanto se puede empeñar está otra vez en la almoneda; el esta-

Un cambio ligeramente mejor para la familia Marx, en este domicilio ubicado en la calle Grafton Terrace 9.

do de las cosas en el hogar me preocupa tanto que me impide escribir. La situación es detestable".

Y efectivamente, casi no puede trabajar, pero en esos momentos en que ni tan siquiera sale a la calle, Marx trabaja, como lo hace desde 1843, adelantando todo lo que puede en la obra considerada cumbre de su pensamiento:

El Capital, misma que será publicada en su totalidad cuando el autor tenga varios años de fallecido.

Pero regresando a la fecha anterior a la muerte de Karl Heinrich Marx, en mayo de 1861, su tío holandés Philips le envía tres mil marcos, mismos que de inmediato son utilizados para los gastos más apremiantes y para disminuir en algo la larga fila de deudores del filósofo alemán, quedándose nuevamente sin efectivo, lo que resulta aún más angustiante, el mismo Engels le presta con urgencia cuarenta marcos para cubrir sus impuestos y no ser un deudor del fisco.

¿¡Cómo empezar un negocio!?

Esta es la alarmante pregunta que se hace Karl cuando en agosto de 1862, su aún gran amigo y dispendioso Ferdinand Lassalle, le concede un nuevo préstamo, siendo un pretexto para lamentarse alarmado: "¡Si supiera cómo iniciar algún negocio! Las teorías, querido amigo, son siempre grises, únicamente el negocio es verde. Por desgracia me he convencido demasiado tarde de esta opinión...

"Mi esposa me dice cada día que anhela yacer en la tumba con mis hijos y yo la entiendo perfectamente, porque las humillaciones, penas y temores que hay que soportar en esta situación son en verdad indescriptibles... Los pobres niños son los que más me apenan, ya que todo esto sucede en esta estación de feria, mientras sus amiguitos se divierten ellos se sienten atenazados por el temor de que alguien los visite y vea toda la porquería".

Pero los asuntos no mejoran, por lo que Karl está a punto de ocupar un empleo, de baja monta para su inteligencia, en los ferrocarriles ingleses y aprovechar la obtención de una casa obrera construida para las clases más pobres: Algunos meses después, logra colocar a sus hijas como institutrices y actrices, eso si, sin dejar de solicitar dinero a cuanto amigo se le ponga enfrente.

Realmente desesperado por está constante y crítica situación económica, Marx también busca la forma de colaborar en un periódico de Estados Unidos y aprovecha la invitación que le hace el director del *New York Tribune*, Carlos Dana para enviar sus escritos, pero la desilusión pronto aparecerá nuevamente en Marx, ya que Dana trata las colaboraciones de Karl sin el más mínimo respeto, las edita, cambia y publica lo que él quiere, además, solamente paga (dos libras por carta o colaboración) uno de cada tres envíos del filósofo y doctor alemán, por lo que, al enterarse, se enoja muchísimo.

Pero Karl aprovecha esta tribuna para escribir sin ningún escrúpulo, ya que el periódico se precia de ser "cristiano", por lo que se divierte expresando ideas si no anticristianas, tampoco a favor, con artículos sobre filosofía alemana de Immanuel Kant, sobre asuntos militares y hasta de economía política.

Fallece la esposa de Engels

Hay un suceso que es preciso destacar, porque por primera vez se pone en serios problemas la relación entre Marx y Engels y es precisamente cuando muere la joven esposa de Friedrich; Mary Burns en enero de 1863, con la que vivía en unión libre y que amaba tiernamente, por lo que escribe a Marx sobre este penoso asunto, buscando algún tipo de consuelo... que no llegará pronto: "Mary ha muerto... No sé expresarte cómo estamos. La pobre muchacha me ha amado con todo su corazón".

Marx parece no estar conmovido con el dolor de su amigo y contesta con una carta sosa y poco estimulante para la amistad en pena: "Querido Engels, la noticia de la muerte de Mary me ha sorprendido y herido. Ella era tan bondadosa, espiritual y te amaba". Posteriormente, líneas abajo, le comenta en forma vulgar, extraño en Karl, sobres sus miserias personales y pide, como siempre, dinero.

Engels se enoja muchísimo y le dice que hasta sus conocidos más triviales le han dado mayores muestras de simpatía: "Supongo que esta vez te parecerá justificado que mi propia desgracia y tu glacial comprensión me impidieron contestarte antes. Todos mis amigos, incluso los burgueses reconocidos, me han demostrado en esta ocasión, para mí verdadera desgracia, más muestras de condolencias y amistad de las que podía esperar. Tú, en cambio, has demostrado la superioridad de tu gélido carácter. Saborea este triunfo que nadie te discutirá. *Soit!* (¡Sea!)".

Marx se da cuenta de su error y deja pasar algunos días, al cabo de los cuales le envía otra carta disculpándose por su mal proceder con su amigo Friedrick en momentos tan delicados: "... En tales circunstancias me rodeo generalmente de una capa de cinismo. Me enfureció sobre todo que mi esposa creyera que yo no había sido objetivo y fiel a nuestra amistad en las actuales circunstancias, porque la situación actual, este calentarse con el rescoldo de unas mortecinas brasas, tiene que acabar.

"En tales circunstancias, pierde uno la cabeza, el corazón y un tiempo precioso alimentando falsas apariencias nocivas para toda la familia. Las tres últimas semanas han obligado a mi esposa a aceptar la propuesta que yo le había hecho hace tiempo y que, aunque plantea grandes problemas, es la única salida, desde luego preferible a la vida de los tres últimos años y que además renueva nuestro amor propio..." Engels comprende a Marx y le contesta: "Estoy alegre de no haber perdido con la pobre Mary también al más viejo y mejor de mis amigos".

Uno de los grandes problemas de Marx y Jenny su esposa, como se apunta líneas arriba, no es en sí la falta de dinero, que es evidente, sino que, cuando lo tienen en las manos, se les escurre como agua por entre los dedos, este es otro ejemplo de ello: En el verano de 1864, Karl recibe catorce mil marcos procedentes de la herencia que su madre le dejó y los restantes dieciséis mil como legado que su amigo Wilhelm Wolf le cede al nombrarlo su único heredero.

La madre de Karl fallece el 2 de diciembre de 1863 y en una misiva que manda a Friedrich, con esa frialdad que siempre ha caracterizado a Karl para con su vida y la muerte de los demás, le comenta: "Acabo de recibir hace dos horas un telegrama notificándome la muerte de mi madre. El destino estaba llamando a la puerta de alguien de mi casa. Yo mismo estaba ya con un pie en la tumba. En las presentes circunstancias, yo soy más necesario que la vieja. Tengo que marchar a Tréveris con motivo de la herencia... Te suplico me gires cuanto antes el dinero preciso para emprender el viaje".

Y en verdad que si no fuera tan trágico causaría mucha hilaridad por las ironías del destino, ya que antes de que Marx reciba esta cantidad de marcos, las necesidades han aparecido nuevamente en su familia, por lo que el efectivo llegado casi del "cielo" los saca de apuros, es más, les permite trasladarse a una casa más amplia, en la calle de Modena Villas, N° 1. Pero un año después, en 1865, el jefe de familia visita la casa de empeño, que conoce tan bien, para salir momentáneamente de sus apuros económicos.

Y una vez más, escribe a su amigo Friedrich el 31 de julio de 1865 al comentarle sobre su constante visita a la casa de empeño: "No te asombrará tanto este hecho, si tomas en cuenta:

1. Que no he ganado ni un solo *karting* (cuarto) durante este lapso.
2. Que en saldar deudas y amueblar la casa me he gastado cerca de 500 libras. He contabilizado con todo rigor hasta el último penique *(as to this item)* (tanto como es posible) porque hasta yo me he asustado con la velocidad con que desaparece el dinero...

Por fin, Karl esposa e hijas pueden vivir dignamente en esta casa de Londres, ubicada en Modena Villas 1, en los primeros meses de 1864.

quiera durante un corto espacio de tiempo y puedan así, asegurarse relaciones con vistas al futuro. Creo que estarás de acuerdo conmigo en que, incluso desde un punto de vista puramente mercantil, un mobiliario espartano y proletario desentonaría en las actuales circunstancias. Iría bien si sólo viviéramos en la casa mi esposa y yo, o si nuestros hijos fueran todos varones".

Es preciso aclarar que si la familia Marx puede vivir en Londres durante treinta años es ni más ni menos que gracias a la generosa y desinteresada ayuda que, desde siempre, les brinda Friedrich Engels, quien les cede todos sus ahorros por su labor en la fábrica que su padre tiene en Manchester. Y esto, a pesar de que su progenitor controla escrupulosamente cualquier salida de dinero de su empresa.

Con el tiempo, la cantidad de efectivo que Engels envía a Marx aumenta considerablemente, incluso, lleva a cabo osadas operaciones financieras con tal de mandarle más dinero a su amigo en apuros. Con el tiempo, Friedrich logra convertirse en socio de la fábrica paterna logrando con ello que los problemas más apremiantes de Karl se resuelvan satisfactoriamente. En 1869 vende su parte de la fábrica y asigna a su amigo Marx una pensión anual de siete mil marcos, pero esa es sólo una cantidad simbólica, con frecuencia es rebasada sin que exista protesta alguna por parte del benefactor.

En fin, está claro que la familia Marx vive en la miseria varios años por culpa de las ideas comunistas de Karl, por su carácter fuerte e inteligencia que le cierra muchas puertas para obtener el dinero suficiente para, contradictoriamente, tratar de vivir como una familia pequeño burguesa a las que tanto a criticado durante años, sobre todo y como él mismo lo reconoce, tratando de cubrir las apariencias de que todo marcha perfectamente bien en su vida, con su esposa e hijas pero que la realidad es aterradoramente de miseria.

4

Karl Marx, hombre de estudio y carácter fuerte

Mucho se ha hablado y escrito en torno al carácter fuerte e irritable de Karl Heinrich Marx y esto tiene varias razones de ser, ya que, para empezar, su instrucción familiar y académica lo colocan por sobre la mayoría de sus contemporáneos y muchos de sus antepasados, su escrupulosidad para el estudio de la historia y filosofía no están a discusión, por lo que existen cuando menos tres factores que influyen enormemente en este carácter frío, calculador, apasionado y escrupuloso: su inteligencia innata, la metodología de estudio y las enfermedades.

Metodología

Para Karl, el método de estudio es la base fundamental de todos sus escritos e ideas, ya que en él está toda la sabiduría que se puede encontrar, por lo que es preciso saber, aunque sea superficialmente, su forma de trabajar y como conforma su base de datos, tan importante para cada uno de sus escritos y exposiciones.

- Resume todo lo que lee, comprobando con escrupulosidad las fuentes, datos, citas y referencias, siendo un excelente ejemplo de esto sus trabajos cronológi-

cos de Historia, en donde hace converger la información histórica y cíclicos sobre hechos concretos, como la política, los movimientos obreros, sin olvidar, claro está, la teoría.
- Estudia varias lenguas, por lo que logra dominar una gran parte de ellas, sobre todo, de las que se hablan en Europa, destacando su natal alemán, inglés, francés, español, italiano y hasta ruso.
- Le da gran importancia al trabajo basado en fuentes originales.
- Utiliza la traducción como una forma clara y precisa para desarrollar el conocimiento de las lenguas, por lo que decide escribir su *Miseria de la Filosofía* totalmente en francés y una infinidad de artículos periodísticos en inglés.
- Escribir y ordenar monografías como una forma de dominar un tema y tener todo lo concerniente a él, obviamente que aumentan en volumen según se acumule la información.
- Moverse lentamente, sin conclusiones adelantadas, siguiendo un plan determinado por él, al cual modifica y perfecciona a cada paso que da hasta darle una estructura verdaderamente sólida y definitiva de la obra.
- Repasar todo el material elaborado para actualizarlo y resumirlo, dándole una importancia vital a su etapa epistolar, principalmente con Engels, ya que no confía en su privilegiada memoria para llevar a cabo un enorme desarrollo intelectual, con fines sociales, por la emancipación de la humanidad más que personales.
- Ejercitar constantemente el arte de la escritura, sobre todo periodística, a la que no es muy afecto, pero que ejerce con profesionalismo y seriedad.
- Estar siempre en labor de investigación.
- Seguir muy de cerca la realidad objetiva en toda su complejidad, enfocando los hechos y las teorías des-

de un punto de vista partidista, clasista y científico, dado que su actividad tiene como centro la sociedad burguesa, su génesis histórica, victoria sobre el feudalismo, el desarrollo de la lucha de clases; el reflejo de la ideología burguesa en la ciencia histórica y principalmente, en la economía política, la ley del movimiento y cambio de las sociedades.
- Estudio constante de las bases científicas de la nueva sociedad nacionalista.
- La lucha concreta y directa por la transformación del capitalismo en socialismo.

Y no todo es cuestión de recopilación de información, que en sí es inútil y fastidiosa si no se utiliza y que no es suficiente para una mente inquieta y viva como la de Karl, él se autodenomina como un trabajador de forma colosal, ya que está sentado frente a su escritorio hasta las cuatro de la mañana de la mayoría de los días, es un visitante asiduo del *Museo Británico* y no niega su enfado cuando la biblioteca permanece cerrada por cualquier tipo de circunstancia.

Y es que, desde 1850, Marx puede reanudar en Londres sus estudios económicos, ya que: "El material reunido en el *British Museum* en torno a la historia de la economía política, la posición favorable que ofrece Londres para examinar la sociedad burguesa, finalmente el último estado en el que ella pareció entrar a consecuencia del descubrimiento de las minas californianas y australianas, me permiten decidir a rehacerme de nuevo y a perfeccionarme críticamente por medio del nuevo material. Estos estudios me permiten afirmar que mis ideas, de cualquier forma que se les quiera juzgar, son el fruto de largas y concienzudas investigaciones".

Ejercita la memoria en su forma más extensa, ya que cuando menos, sus biógrafos dicen que sabe de memoria el *Libro de las canciones*, *Nuevas poesías y Romancero* del poeta y escritor alemán Heinrich Heine y sobre todo *Las desven-*

turas del joven Werther, Elegías romanas, Hermann y Dorotea, El diván oriental y su obra cumbre, *Fausto,* por mencionar solamente algunas obras del literato y filósofo germano Johann Wolfgang von Goethe, citándolos frecuentemente en sus conversaciones, apreciando también a Esquilo y a William Shakespeare, como dos grandes genios dramáticos que ha producido la humanidad.

El escritor italiano Dante Alighieri y el escocés e hijo de campesinos, Robert Burns, también son de los preferidos de Karl, a quien proporcionan indirectamente una gran satisfacción al ser recitadas por las hermanas Marx, sobre todos las obras del céltico.

Desde luego que Karl no descuida sus amplios conocimientos de álgebra, estudia y medita al filósofo griego Aristóteles, se asombra con su paisano filósofo y matemático, Gottfried Wilhelm Leibniz, estudia la conjura del político romano Lucio Sergio Catilina, lee en griego las *Guerras civiles* de Apiano y no tiene fin su lectura de novelas y cualquier información acerca de las inscripciones arábigas, en pocas palabras, Karl Marx quiere absorber la mayor cantidad de información acerca de la ciencia humana sin tener nunca en mente la palabra: ¡Basta!

Lafargue, un estudioso de la obra de Karl, comenta acerca de la metodología de estudio del Doctor en Filosofía: "Marx, al lado de poetas y novelistas, tenía otro medio notable para descansar intelectualmente; era la matemática, por la cual sentía especial predilección. El álgebra le concedía de todo punto una confortación moral y a ella recurría en los momentos más dolorosos de su agitada vida.

"Durante la última enfermedad de su esposa, le era imposible ocuparse en el modo habitual de sus trabajos científicos; no sabía huir a la pesadumbre infligida por los sufrimientos de su pareja sentimental abismándose en las matemáticas. Durante esta época dolorosa para su espíritu, escribió un trabajo sobre el cálculo infinitesimal que, según las comunicaciones y estudios de matemáticos que lo conocen, sería muy importante que se publicara en sus obras completas.

"En la matemática superior descubrió el movimiento dialéctico en su forma más lógica y al mismo tiempo más simple; a su parecer, también una ciencia era realmente evolucionada, sólo cuando ella había llegado al punto de poder servirse de la matemática". Y este mismo personaje afirma contundentemente que Marx poseía una biblioteca con más de mil volúmenes.

Con todo este rigorismo para el estudio, lo que menos deseaba Karl Marx era tener que preocuparse por cuestiones monetarias, por lo que, cuando tiene dinero y como ya se ha descrito líneas arriba, lo usa para saldar viejas deudas y darles un poco de alegría a los hijos y esposa.

El rigorismo también templa el temperamento y permite ver hasta con frialdad los acontecimientos personales que pueden ser muy duros de asimilar, como las muertes de amigos y familiares y que a Karl, aparentemente, parecen no hacerle mella.

Por otro lado, él y Friedrich tienen un extraño ritual para admitir a alguien entre su selecto círculo de amistades, ya que deben someterse a una precisa y exacta medición del cráneo, amén de una gran cantidad de preguntas de carácter intelectual, que de no ser cumplidas cabalmente y contestadas correctamente, simplemente no hay amistad. Sobre todo Marx, quien es adicto a la frenología*, quien lleva a cabo una exploración física con sus dedos sobre el

---

* Frenología viene del griego *freno* que significa inteligencia, alma, espíritu. Es una hipótesis debida al alemán Gall, quien considera al cerebro como un agregado de órganos, a cada uno de los cuales corresponde una facultad intelectual, un instinto o un afecto; según Gall son más o menos voluminosos y pueden apreciarse por la configuración o los relieves del cráneo. Esta teoría no se puede verificar desde un punto de vista científico y es rebatida por criterios morfo-psicológicos.

cráneo para, posteriormente, tener que acudir con el frenólogo y pintor Karl Pfländer, procedimiento al cual tienen que someterse todos por igual si desean una larga y duradera amistad con la dupla alemana de filósofos.

Y es que el carácter especial de Marx le permite hacer una serie de preguntas, una especie de examen intelectual para proceder posteriormente al del cerebro y solamente cumpliendo estos dos requisitos es como se puede ingresar al selecto círculo de amigos intelectuales de Karl y Friedrich.

Esto da una clara muestra de cual difícil es en su trato Karl y lo contradictorio que es en muchas ocasiones, ya que, aparte de palpar las cabezas de sus amigos, hay otra condición que se debe cumplir antes de brindar por la naciente amistad, que consiste en una noche de comilona.

Ni su esposa logra eludir estos conceptos extraños de Marx, ya que, literalmente, la obliga a firmar todos sus documentos como baronesa.

En cuanto a sus hijas, está a la caza de lograr jugosas dotes para poder casarlas y hasta se emborracha en tabernas, es fumador empedernido y además, mal jugador, ya que si acaso pierde, se torna en un ser aún más antipático e insoportable.

En contraste, pasa largas horas jugando con sus hijos, sobre todo en llevar a cabo "batallas navales" seguidas de incendios de las flotas de papel en disputa, que Marx prepara para ellos. Los domingos, las hijas no lo dejan en paz para trabajar, por lo que pasa todo el día al lado de ellas sin que esto, aparentemente, le moleste. Y si el tiempo lo permite, toda la familia pasea por los campos, descansando en hosterías para comer pan y queso y desde luego, beber cerveza. En el largo regreso a casa, Karl cuenta fábulas a sus hijos, inventadas por él, siendo tan largas o cortas, simples o complicadas según el tiempo calculado para llegar a casa.

Enfermedades de Marx

El otro factor que afecta terriblemente el carácter de Karl, son las enfermedades, después de que en su infancia y juventud es una persona sana y llena de energía, al paso de los años, la pésima alimentación, los excesos en beber vino y cerveza, el gran consumo de tabaco y las enormes presiones de cada día, tanto familiares como sociales y de trabajo, mellan la vitalidad de Marx, llevándolo a ser todo un muestrario patológico.

En una ocasión, Marx se queja de parálisis general. En 1877 presenta una sobreexcitación nerviosa, más preocupante que su afección de hígado, aunque el médico opina que la verdadera enfermedad es de origen nervioso y como consecuencia de todos estos padecimientos, tiene insomnio crónico que él combate con narcóticos.

La enfermedad hereditaria de la familia de Marx, (tuberculosis) se ve agravada por una sobrecarga de trabajo, la excesiva vigilia por estudiar de día y escribir de noche y la falta de un régimen alimenticio adecuado. Karl gusta de comida muy condimentada, pescados ahumados, caviar, pepinillos en vinagre, alimentos que los médicos no recomiendan nunca a enfermos del hígado.

También disfruta mucho de los vinos y licores, sin menospreciar la cerveza, como buen alemán, misma que le es prohibida en todas las ocasiones en que es revisado por el doctor, por lo que, cada vez que deja de lado las bebidas con alto contenido de alcohol, lo hace por poco tiempo y si a esto se le agrega que es un fumador empedernido de cigarrillos de mala calidad, peor.

Desde 1863 padece furunculosis*, enfermedad ligada a las hepatopatías y motivada esencialmente por las mismas

---

* Los forúnculos aparecen bajo la piel afectando a los folículos pilosos por falta de higiene, mala alimentación y hasta por diabetes. Son producidos por estafilococos que origina un causas. Las dolencias inician por lo general en octubre, agudizan en enero y disminuyen hasta la primavera.

Los abscesos que causa este padecimiento, le supuran e impiden caminar, sentarse o ponerse de pie. A estas enfermedades hay que agregar que, en 1855, Karl sufre de constantes ataques de catarro que, con el paso del tiempo, le degenerarán en tuberculosis pulmonar.

Su muerte se debe a "caquexia (mala constitución o alteración profunda de la nutrición) derivada de tuberculosis". Misma enfermedad de la que fallece su hijo Edgar, conocido como Musch y con muchas probabilidades de la muerte de su hija Jenny Longuet en enero de 1883. También Jenny Marx, se contagia y aunque la tuberculosis es un padecimiento hereditario de los Marx, la miseria en la que vive esta familia, sin duda, es otro factor de alto riesgo para contagiarse.

La hidroterapia practicada en playas inglesas y en otras partes del continente y el tratamiento médico persistente, solamente proporcionan un alivio leve a las enfermedades de Karl Marx y familia.

Estos dos factores, la gran inteligencia y las enfermedades, son las que marcan regularmente el carácter fuerte, áspero, frío y calculador de Karl Heinrich Marx, que trata de equilibrarlo con un desmesurado amor a su esposa e hijas, pudiendo ser aún más grande si en lugar de mujeres hubiera tenido solamente hijos varones, según sus palabras.

Este concepto sexista, típico de la Europa de muchos siglos, no puede ser desligado de la forma de ser y pensar del Doctor en Filosofía que es Karl, por más que quiere y desea la igualdad entre obreros y patrones, finalmente, Marx es un ser humano lleno de numerosos defectos y ni

---

absceso lleno de pus y suelen aparecer en axilas, cara, cuello, espalda y glúteos y conforme crecen aumenta el dolor por los nervios que hay bajo la piel.

que dudar, de muchísimas virtudes intelectuales que lleva a la práctica en todas las ocasiones que puede y quiere hacerlo. Tiene como pensamiento líder la cuestión social más que la personal, el bienestar de los proletariados muy encima de la de los pequeños burgueses, dueños de los medios de producción y por lo tanto, del dinero, fruto de la plusvalía de la venta de los productos que, precisamente, fabrican los obreros y que, por lo tanto, para lograr la justicia, hay que apropiarse de los medios de producción a través de una revolución.

5

...¿Y qué sucede con los movimientos sociales mundiales?

Desde que la familia Marx se instala en la capital inglesa, ésta es un lejano observatorio para Karl desde donde mira los hechos históricos de su tiempo, sin dejar de ver no solamente lo que acontece en Inglaterra, sino en Europa y el resto del mundo.

Y lo que más llama su atención son los movimientos bélicos, las guerras, a las que define como revoluciones, una de las palabras favoritas del doctor alemán en Filosofía, ya que ellas ponen a prueba a cualquier nación que las sufre, pero también tiene que distinguir entre una verdadera guerra y simples movimientos superficiales que no conducen a ningún cambio.

Llama mucho la atención que tanto Karl como Friedrich relegan a segundo y hasta tercer término los acontecimientos de su amada Alemania, están totalmente concentrados en todo lo referente a lo que ellos llaman los baluartes de la revolución; los franceses y los absolutistas reaccionarios rusos, a cuyo país lo alimenta un odio un tanto especial por ser la base de la reacción y por lo tanto, los que frustran cualquier intento de revolución que cambie las actuales condiciones laborales entre el proletariado y los dueños de los medios de producción, es decir, de las fábricas, principalmente.

Es importante destacar que los estudios acuciosos de Marx y la activa inteligencia de Engels, los llevan a deducir que Rusia continúa siendo el bastión de la reacción y el patrón seguro para medir la política exterior de las demás naciones, de acuerdo con su relación con el país de los zares. Marx cree descubrir que, desde la época de Pedro Primero Alekseevic, conocido como *El Grande*, quien llega a ser zar de Rusia de 1682 a 1725, a los diez años por medio de un golpe de estado en contra de su hermana Sofía. Hay un acuerdo y colaboración secreta entre los gobernantes rusos e ingleses, además de que el lord Henry John Temple, vizconde de Palmerston* es un colaborador a sueldo de los rusos.

Con sus investigaciones sobre Palmerston, Karl logra entablar relación con el diplomático inglés Urquhart, acérrimo enemigo de Rusia y fraternal amigo de los turcos, a quien se señala como una gran influencia para los estudiosos alemanes, debido, precisamente, a su actitud antirrusa que coincide con la democracia europea. Es más, en 1861, con la rebelión de los campesinos, creen ver una evolución interna rusa y la siguen con mucha atención.

Para 1863, resurge la hostilidad contra Rusia debido a la brutal represión de los sublevados polacos, saben que la oposición será abierta y pública por la polémica que se llevará a cabo entre el ruso Mikhail Bakunin y el alemán Karl Heinrich Marx.

---

* Político inglés que nace en 1784 y muere en 1865. Se distingue por ser conservador y posteriormente liberal. Es Secretario de Guerra durante 20 años, ministro de Asuntos Exteriores y primer ministro, teniendo mucha influencia en Europa por ser un político muy hábil para hacer triunfar los intereses de su país.

Marx y Engels estudian a fondo los problemas económicos de Rusia hasta transformar totalmente sus ideas sobre ese país, deduciendo que una Polonia libre pudo haber sido un poderoso bastión contra los rusos, viendo con entusiasmo y optimismo que en el interior de este país hay un movimiento revolucionario que utiliza el terrorismo como medio de lucha contra el zarismo. Con estos estudios, los dos alemanes afirman que la revolución llegará desde el Este y no del Oeste, como fue indicado en un principio, solamente que será una de tipo burguesa, tirarán al zar y permitirán poner en práctica y sobre todo con éxito, la revolución social.

"Conmigo o contra mí"

Como excelente estudioso de los movimientos sociales que se dan en el mundo y más la relación con revoluciones y levantamientos de obreros, principalmente, Marx, en 1860, aparte de llevar muy avanzada la que se conside-

Karl Vogt difama a Marx y la respuesta intelectual que obtiene es contundente.

rará su obra cumbre *El Capital*, se da tiempo para pelear intelectual y judicialmente contra el naturista denominado "agente imperial", Karl Vogt, quien en 1859, acusa a Karl de urdir conspiraciones en los trabajadores alemanes, con el conocimiento y complacencia de la policía y de ser el dirigente de una banda de chantajistas en la capital inglesa.

Vogt es un demócrata alemán que tiene que huir a Suiza en 1849, haciendo de su residencia un apreciado centro político para prófugos y refugiados, por lo que Napoleón Tercero quiere ganarlo para su causa mediante la participación de su hermano, el príncipe Bonaparte, quien logra hacerlo caer en su juego político, por lo que en agosto de 1859 le da dinero, cuarenta mil francos, para ser distribuidos, supuestamente, entre los emigrados revolucionarios.

Wilhelm Liebknecht, el político alemán nacido en Giessen, uno de los principales fundadores de la socialdemocracia y gran amigo de Marx, conoce esta compra de conciencia y lo publica en un periódico de Hamburgo, pero sin presentar ninguna prueba de ello, siendo demandado por difamación por parte del hábil Karl Vogt y éste gana el juicio.

Con este triunfo, Vogt lanza un folleto sobre el proceso, empleando todas las ofensas posibles contra Marx, como la de tener una amistad muy firme con Liebknecht a quien considera el verdadero conspirador en su contra, acusándolo de ser el jefe de una banda de expropiadores y de monederos falsos y como explotador de los obreros, a cuyas expensas lleva una vida cómoda; por ser emisario de la policía y un traidor de los exiliados alemanes.

Marx interpone una demanda judicial contra la *Gaceta Nacional* de Berlín por reproducir las calumnias, pero es suspendida por falta de pruebas. Marx espera un año para responder a esta acusación y cuando lo hace, es con todo. Por un lado, mediante un polémico y extremadamente minucioso escrito denominado: *Señor Vogt*, considerado por unos como un muy importante estudio sobre la migración durante la década posrevolucionaria y otros como uno de los más bajos en la historia de Karl y que además, no aporta nada a nadie, aunque esto no lo considera así su autor.

Sin embargo, aparte de cualquier otra polémica, Marx logra su objetivo principal; probar que Vogt, en agosto de 1859, efectivamente fue pagado por Napoleón para defender su política, gracias al descubrimiento de documentos secretos del depuesto líder francés en el cual apunta que le han dado cuarenta mil francos a Karl Vogt.

Lamentablemente, pierde una larga amistad con Freiligrath por no intervenir a su favor en este pleito contra Vogt, cuando el 23 de febrero de 1860 le dice: "Si ambos tenemos la convicción de que nosotros, cada uno a su modo, postergando todos los intereses personales, enarbolamos desinteresadamente por encima de las cabezas de los filisteos el estandarte en pro de la *classe la plus laborieuse et la plus misérable,* me parecería un pecado contra la historia que nos enemistáramos ahora por una bagatela, que se reduce a un malentendido".

Freiligrath responde el 28 de febrero del mismo año: "Cuando la Liga (de Comunistas) se disolvió a finales de 1852 como consecuencia del proceso de Colonia, me liberé de todas las ataduras con el partido como tal y únicamente conservé mi relación personal contigo, mi amigo y correligionario... A mí, como a todo poeta, me es imprescindible la libertad.

"El partido es una jaula y se canta, incluso en favor del partido, mejor fuera que dentro. He sido poeta del proletariado y de la revolución mucho antes de convertirme en miembro de la Liga y de la redacción del *Neue Rheinische Zeitung.* Así entonces, quiero también en el futuro, caminar por mí mismo, pertenecerme a mí mismo únicamente y disponer de mí mismo".

La respuesta de Marx llega un día después, el 29 de febrero de 1860: "... Del 'partido', como tú lo llamas, no sé nada desde 1852. Si tú eres poeta, yo soy crítico y verdaderamente las experiencias de 1849 a 1852 me produjeron honda satisfacción. La Liga, como cientos de otras sociedades, sólo fue un episodio en la historia del partido, que surge por su propia naturaleza del suelo de la sociedad moderna".

Karl comenta después de este triste capítulo de su vida, que el poeta Freiligrath había "intentado deshacer el malentendido. Como si yo entendiera por 'partido' una Liga muerta desde hace ocho años o la redacción de un periódico disuelta desde hace doce. Por partido entiendo el Partido con un gran sentido histórico".

Fuera de este hecho de confrontación con Vogt y Freiligrath, Karl Marx analiza detenidamente otros acontecimientos mundiales que le permiten tener un panorama muy amplio de lo que pasa en el planeta y con sus habitantes, como la revolución española del siglo XIX; el paneslavismo; la guerra de secesión o separatista de Estados Unidos, encabezada por Abraham Lincoln; los juicios que hace acerca de la expedición de Napoleón Tercero al invadir México para exigir el pago de una deuda; la rebelión de Polonia en 1863 contra Rusia, la cuestión entre Alemania y Dinamarca por el Schleswig-Holstein; o la guerra entre Alemania y Francia de 1879 y finalmente la Comuna.

Pero Karl sigue con especial interés todo lo referente a Inglaterra, a lo relativo con Irlanda y a la agitación por la reforma electoral de la Gran Bretaña, unida invariablemente al nombre de Gladstone. De muchos de ellos escribe artículos periodísticos, la mayoría son publicados y otros no, pero demuestran, una vez más, las grandes dotes de discernimiento de Karl, quien desmenuza cada hecho en su justa dimensión y lo coloca en otro rompecabezas social hasta completar un nuevo cuadro, más apegado a la realidad de cómo lo hace cualquier otro personaje de su tiempo.

Contra Lassalle

Este no es el único capítulo de este tipo de enfrentamientos verbales e intelectuales, sino más bien la constante en Marx, por lo que no sorprende que su gran amistad se convierta en rivalidad con Ferdinand Lassalle y termine solamente con la absurda muerte de éste último. Ambos se conocen en 1848 entablando una estrecha amistad gracias a sus visitas a las ciudades de Colonia y Düseldorf. Llegado 1860, Lassalle reconoce a Marx como cabeza del 'partido' y éste está gratamente impresionado por la inteligencia y energía de Ferdinand, quien cree en la amistad sincera de Karl, pero no es así, la desconfianza hace presa al doctor en Filosofía, atribuida a la influencia negativa de Engels por esta afinidad.

Y es que Friedrick tiene un concepto muy negativo de Lassalle, a quien califica de ser "judío de la frontera eslava", advenedizo y de ser una desagradable mezcla de frivolidad, sentimentalismo, judaísmo y caballerosidad, sufriendo estas acusaciones nunca comprobadas por

Ferdinand Lassalle, "el hombre más guapo del mundo". Así como tuvo una gran amistad con Marx, ésta se convirtió en una enorme rivalidad.

su acusador ni por Marx, quien las guarda para utilizarlas en un futuro si es necesario; finalmente, sí lo serán.

Antes, en 1857, cuando la amistad Lassalle-Marx está al máximo, éste le escribe comentándole sobre las crisis sociales de ese año: "Pasarán unos cuantos años de aparente calma: en cualquier caso es el mejor momento para emprender aventuras científicas y al final, vistas las experiencias de los diez últimos años, el desprecio de las masas y de los individuos, por todo *principio racional* habrá crecido tanto que el *odi profanum volgus et arceo* será una máxima casi comúnmente admitida. Todas estas situaciones burguesas serán barridas por la primera tempestad".

El torbellino anunciado empieza en 1860 cuando los obreros se agitan otra vez en Inglaterra y en Europa, debido a la intensa labor de las delegaciones de trabajadores franceses y alemanes con ingleses y que aumenta dos años más tarde, después de la Exposición Universal.

Estas reuniones propician, al cabo de 24 meses después, la creación de la Asociación Internacional de Trabajadores, conocida como *Primera Internacional* y que está tratado en esta misma obra. Sin embargo, año y medio antes de esta agrupación, Alemania sufre los embates de una bien organizada agitación y propaganda que termina con la creación del partido socialdemócrata en la que ni Marx ni Engels tienen que ver en absoluto, ellos, retirados de la acción política, únicamente son observadores desconfiados de ésta génesis partidista que siguen de cerca, pero sin colaborar en nada.

Tiempo después, efectivamente, Karl y Friedrich sí asesoran al naciente partido alemán en asuntos muy concretos, con la salvedad de que no todas sus sugerencias son atendidas ni llevadas a cabo. Con esto se aclara la falsa apreciación de que los dos amigos alemanes son los verdaderos dirigentes de la socialdemocracia y que han delineado su política, estos es totalmente falso y la respuesta es muy simple, la rivalidad con Ferdinand Lassalle, misma que determina la actitud de Karl en relación al partido recién creado y algunos otros aspectos políticos y personales y por ser uno de los problemas psicológicos más intrincados en su vida.

Marx y Lassalle poco a poco se distancian, aunque Karl, extrañamente, tiene gran habilidad diplomática y principalmente utiliza los amplios conocimientos de Ferdinand en asuntos financieros, por lo que, mientras Lassalle cree sinceramente en la amistad, Marx habla mal de aquel en cuanta correspondencia intercambia con Engels.

Las diferencias empiezan cuando Ferdinand defiende una posición diferente a la de la dupla Marx-Engels en cuanto a la guerra italiana, siendo tomado este punto de vista contrario como una ruptura de la disciplina partidista y la línea política marcada por ellos, pero este es sólo un capítulo medianamente importante en la amistad amenazada, a Karl le molestan otros aspectos, más personales que ideológicos, como el enorme egocentrismo de Lassalle, que en tamaño rivaliza con el suyo y el estilo de vida provocador, excéntrico, de mucho mundo, conquistador, adinerado y perseguido por las damas a las que conoce, realmente, todo lo que no es o no puede ser Karl.

Pero Ferdinand también es un científico y pensador cuyos trabajos son ampliamente aceptados por sus congéneres, en tanto que los de Karl están en un momento en que no tienen ningún avance, además, Lassalle es un excelente orador y diseñador de panfletos, mismos que causan furor y encienden a los demás, sobre todo a quienes están en contra del mismo Marx, por lo que la gota que derrama el vaso es que sucede en la época en que, mientras el filósofo alemán vive en plena miseria económica, su rival se da el lujo de la excentricidad del gasto superfluo, de lo que, desde luego, no tiene porque no hacerlo y menos solamente para darle un gusto enfermizo a su ahora encarnizado rival.

Con el rigor científico con el trabaja Karl, analiza y estudia las obras de Lassalle, pero sin la objetividad necesaria, las califica de simples "chapuzas colegiales" pero le duele cuando Ferdinand logra abrirse camino por él mismo y hasta tiene el atrevimiento de darle consejos profesionales al Doctor en Filosofía, aumentando este disgusto cuando el excéntrico personaje empieza una gran labor de agitación.

Esto provoca un intercambio epistolar entre Marx y Engels, empezando cuando la relación entre ambos no está en su mejor momento, dado el enojo de segundo por la respuesta poco diplomática y sentimental al respecto de la muerte de Mary Burns, esposa de Friedrick. Pero en fin, se escriben para comentar varios asuntos, principalmente del *Programa Obrero* que Lassalle ha hecho público.

Marx: "El folleto de Ferdinand es una mala vulgarización del *Manifiesto Comunista,* el tipo piensa abiertamente en presentar nuestro inventario... Itzig (sobrenombre benévolo a Lassalle) ha vuelto a publicar dos folletos sobre su proceso, que afortunadamente no han llegado a mis manos. En cambio, anteayer me remitió su carta abierta al Comité Central dirigida al Congreso de los trabajadores (léase alcornoques) de Leipzig. Él alardea demasiado de las frases que nos pertenecen y se comporta como un perfecto dictador obrero en ciernes".

Engels: "Nuestros adversarios están emplazados en la posición correcta y ese alcornoque ha llegado a la etapa de la autoconciencia, trasladándose a la democracia pequeño burguesa. Pero considerar a estos tipos representantes del proletariado, solo a Itzig se le ocurriría... Las historias de Lassalle y el escándalo que provocan en Alemania, comienzan a ser desagradables. Ya es hora de que termines tu libro (*El Capital*) aunque solamente sea para que nos critiquen por otras causas. Por lo demás, es beneficioso porque proporciona una nueva base antiburguesía, aunque lo peor es que ese Itzig se labra al tiempo una posición".

Marx: "... En cuanto se restablezca la calma, me pondré a copiar en limpio el libro que yo mismo pretendo vender en Alemania... Porque Itzig nos obliga esta vez a salir plenamente a la luz pública... Itzig me ha mandado el opúsculo de su conferencia de Frankfurt. Dedico diez horas diarias *ex officio* a la economía, así que no voy a malgastar las pocas horas que me quedan en leer estos pensamientos de colegial. Levanta acta. En mi tiempo libre estudio cálculo diferencial e integral...

"Lassalle se revela como un alumno de primer curso de bachiller que, con la charlatanería más nauseabunda y desvergonzada, pregona a diestro y siniestro —como su última adquisición— frases que nosotros repartíamos hace veinte años entre nuestros partidarios con la misma prodigalidad que si fueran calderilla. El mismo Itzig amontona los restos malolientes de un partido que nosotros abandonamos hace veinte años en su *manurefabrik*, con la que pretende comprar la historia universal...".

Es preciso comentar, en pocas palabras, que para Lassalle, la sociedad del porvenir conducirá a la abolición del capitalismo; los medios de producción llegarán a ser propiedad de libres asociaciones obreras, ayudadas por el Estado democrático, con base en el sufragio universal. En su *Programa Obrero* y en todas sus obras, corteja de este modo la era dichosa de un mañana feliz, por lo que no hay motivos para los reproches de Marx.

Y menos los hay si se toma en cuenta que en su sueño, Ferdinand da claras muestras de que las diferentes manifestaciones de su vida y cultura están en armonía y coherencia con sus ideas. Siempre está al pendiente de actuar a favor de los oprimidos; en su drama *Franz von Sickingen*, anuncia la línea de su programa a seguir; es decir, el método de la sinceridad audaz en el logro de las conquistas democráticas; en su *Heráclito*, en su inocultable culto a Friedrick Hegel, es un tratado jurídico donde el derecho es concebido históricamente y observa optimista el principio de desarrollo.

En sus relaciones con el político prusiano, artífice y primer canciller del segundo Imperio Alemán, Otto von Bismarck-Schönhausen (1815-1898) apodado el *Canciller de Hierro*, diseñan una táctica para obtener el sufragio universal y para la primera orientación del Estado hacia las cooperativas obreras; sus relaciones con las clases altas y la concepción de la gran Alemania son justificadas por el designio de resolver la cuestión social sin violencias negativas, si no con la ayuda de las clases poseedoras, con un ejemplo que les parece destinado a hacer de su patria el modelo para las demás naciones; en sus luchas por los obreros saludan la conclusión de todos sus esfuerzos y la culminación de sus estudios.

En cuanto a la vida personal de Ferdinand Lassalle y sobre todo a las cuestiones de conquistas femeninas, se inicia en las artes amatorias desde muy joven, tanto que a los quince años ya da consejos amorosos a amigos mayores. Ya adulto, una dama lo elogia diciendo que Ferdinand: "Es el hombre más hermoso que jamás he visto", por lo que lo toma como bandera de presentación: "Ser el hombre más hermoso de la propia época: he aquí la verdadera gloria. Será preciso inscribir esta sentencia sobre mi tumba, para que la posteridad no lo ignore."

Y bien que sí, ya que su fama de conquistador la tiene bien ganada y más, cuando se enrola con la condesa Hatzfeldt —veinte años mayor que él— que lo motiva a estudiar la carrera de abogado mientras lleva un largo juicio de nueve años. Hasta que logra un veredicto favorable para su hermosa cliente y ésta, agradecida, le asigna la nada despreciable suma de 4,000 thalers anuales, permitiéndole una vida de lujo y comodidades para lograr otras conquistas que satisfagan esa parte tan humana de su ego.

Sin embargo, es la hija del ministro bávaro, Elena de Doenniges, la causa de su ruina, ya que, enamorado de ella, se bautiza y convierte al catolicismo y lo peor, tiene que afrontar un duelo para lograr los favores de la fémina.

La cita fue el 31 de agosto de 1864 en la explanada de Crevin. Génova; ¿su rival?, un personaje de nombre Yanko. El duelo inicia como se conoce tradicionalmente, con las espaldas encontradas hasta que los padrinos dan la orden de avanzar, cada uno hacia su lado y después de algunos pasos, los dos voltean con el arma levantada a la altura del pecho, amenazadoramente, en cuanto se escucha el primer disparo de uno de los duelistas, Ferdinand cae herido mortalmente y al poco tiempo la vida se le escapa.

Posteriormente y como justo "premio" a quien salió vencedor de ese mortal duelo, Elena contrae nupcias con Yanko, viviendo como pareja durante algunos años, hasta que las diferencias de carácter y de forma de vida los empuja hacia el divorcio y la tragedia para ella, ya que después de algún tiempo, se casa otras dos ocasiones más, teniendo relaciones que no la satisfacen y que vacían su vida poco a poco, hasta que decide terminar con su existencia, suicidándose en 1911 sin que se conozcan realmente los motivos de tan drástica determinación.

Esta vida llena de amores y de ideas de Ferdinand Lassalle y sobre todo su muerte, contrastan enormemente con la de Karl Marx, sin embargo, cuando éste es enterado de la muerte de su rival, su corazón se ablanda, al igual que el de Engels y éste le comenta: "… Qué júbilo debe reinar entre los dueños de las fábricas y entre la canalla del progreso. Lassalle era el único hombre en Alemania al que temían".

Karl le contesta: "(Lassalle) Era enemigo de nuestros enemigos. La noticia me tomó tan de sorpresa que a duras penas puedo creer que una persona tan ruidosa, *stirring, pushin*, como él, haya muerto para siempre…".

Esencialmente, los motivos de los reproches de Marx y Engels, es la constante acusación de plagio de escritos de Karl para la formación de un partido por parte de Lassalle y por querer luchar unilateralmente contra la burguesía liberal, a lo que éste les responde, acusándolos de ser una masa reaccionaria por esperar una revolución de la burguesía que nunca llegará. El tiempo y Engels, le darán la razón a Ferdinand y sus ideas serían reconsideradas iniciado el siglo XX.

6

La internacional de trabajadores

Karl Marx recibe con mucha simpatía y agrado, una invitación para que participe en la famosa reunión en el Salón San Martín de Londres, el 28 de septiembre de 1864, durante la cual se presentará la oportunidad de llevar a cabo la creación de la Internacional de Trabajadores, un antiguo sueño de Marx por fundar una asociación obrera que comprenda a los países más progresistas de Europa y América y que muestre, materialmente, el carácter internacional del movimiento socialista a los obreros mismos, a la burguesía y a los gobiernos; a los obreros, para alentarlos y reforzarlos; a sus enemigos... para aterrarlos.

Los antecedentes inmediatos de esta organización obrera se ubican en los años 1862 y 1863, cuando en Londres se llevan cabo reuniones con mucha gente a favor de Polonia, sometida en ese tiempo por Prusia. En ellas, intervienen obreros de varias nacionalidades, destacando los de Francia.

En la reunión del miércoles 22 de julio de 1863, el comité británico lanza una proclama a los obreros parisienses, en la que se agradece, en primer lugar, por la ayuda brindada a la causa polaca, para posteriormente, confirmar la urgente necesidad de una fraternización de los pueblos por causa del trabajo. Y es que toman en cuenta la situación de los jornaleros ingleses, a quienes, en cada ocasión en que exigen mejorar su situación social y laboral con una jornada de trabajo más corta y mayores salarios, son amenazados con llevar esquiroles franceses, belgas, alemanes y de otros países. Esta falta de unidad y coordinación entre proletarios europeos, principalmente es una guerra sucia que los dueños de las fábricas y medios de producción aprovechan a su favor.

Los trabajadores parisinos son los que más demuestran su solidaridad con la integración de una asociación obrera después de varias reuniones en Francia, por lo que deciden enviar al diputado Tolain, un obrero que compitió por su cargo en París, al comité inglés para que los represente en la asamblea de San Martín.

Esta convención, es organizada por Odger y Cremer, jefes de la *Trade Unions* inglesa mismos que solicitan a Marx que sea él quien represente a los obreros alemanes y designe un orador que hable a nombre de ellos. Karl le comenta esta petición a su amigo Eccario, mientras que Wolff y Fontana representan a los mazzinianos italianos.

En medio de discursos encendidos y de protesta, los asistentes juran romper el poder arbitrario y dominante del capital, estableciendo una barrera insuperable a un sistema que divide a la humanidad en un pequeño manojo de amos panzones y en una gran masa de seres hambrientos e ignorantes. Desde luego que Karl interviene en la primera sesión del comité, formando un subcomité para el establecimiento de una declaración de principios y un estatuto provisional, siendo él incluido en el subcomité, pero por una indisposición no puede participar en las siguientes sesiones.

El mismo Marx comenta después de la reunión: "Fue decidida la fundación de una *Asociación Internacional de Trabajadores* cuyo Consejo General tendrá su sede en la capital inglesa, debiendo reunir a las sociedades obreras de Alemania, Italia, Francia y la misma Inglaterra.

"En 1865 debe convocarse en Bélgica un congreso general de obreros. En la primera asamblea fue nombrado un *Comité Provisional* integrado por Odger, Cremer y muchos otros —en parte viejos cartistas, en parte antiguos secuaces de (Robert) Owen, etcétera— por Inglaterra; por el mayor Wolf; Fontana y otros italianos por su país; Le Lubez, etcétera por Francia; Eccario y yo por Alemania. El comité fue autorizado a agregarse muchos miembros conforme a su parecer".

Con la ausencia de Marx en las subsecuentes sesiones, el mayor Wolff presenta los estatutos, explicados con una fuerte influencia "mazziniana" corroborando en su contenido ser, a todas luces, una obra de Mazzini*, además, un partidario de Robert Owen añade un largo programa el cual nadie entiende por estar escrito en forma por demás confusa.

Marx es advertido por Eccario de estos desplantes, agravados por la introducción francesa de Le Lubez con una mezcla extraña mazziniana, proudhoniana y de socialistas galos, por lo que Karl esta totalmente decidido a no dejar pasar ni a aprobar una sola línea de estos textos.

Se llevan a cabo muchas reuniones en el Salón San Martín de Londres y en la propia casa de Marx hasta que él, utilizando una estrategia de suavidad en el modo y de firmeza en los hechos e ideas, sale totalmente vencedor y cambia gran parte la introducción de los estatutos, admitiendo frases que hablan de justicia, (nadie está en contra de ella), moralidad y derecho; destruye la declaración de

---

* Guiseppe Mazzini. 1805-1872. Fue un político y escritor italiano, ferviente partidario de la unidad de su país, fundó una sociedad secreta llamada *La Giovane Italia* relacionada con carbonarios y masones, de los que es Gran Maestre, participando en todos los movimientos clandestinos y revolucionarios de su patria, en Suiza e Inglaterra. Es miembro del triunvirato romano en 1848, actúa como dictador y tiene que rendir la ciudad al general francés Oudinot. Es considerado como uno de los grandes doctrinarios del nacionalismo.

principios de Wolff, compila los estatutos y logra que se apruebe por unanimidad el manifiesto inaugural, desde luego que él redactó.

Este contiene una arenga de Marx hacia los asistentes de la asamblea: "¡Trabajadores! Ustedes poseen un elemento del éxito, el número; pero el número pesa sobre la balanza sólo cuando es precisado por una obligación y dirigido a una finalidad consciente. La experiencia del pasado ha enseñado cómo el desprecio de la relación fraterna, que debiera existir entre los obreros de los diversos países, debiera espolearlos a mantenerse unidos en todas sus luchas por la emancipación, es castigado por el descalabro universal de sus esfuerzos no coordinados. Esta consideración determinó a los obreros de todos los países a fundar la Asociación Internacional de los Trabajadores.

"Si la emancipación de las clases obreras requiere su cooperación recíproca, fraterna, ¿cómo pueden ellos cumplir esta gran misión, si la política exterior de los gobiernos persigue designios culpables, pone en movimiento prejuicios nacionales y disipa en empresas de bandidos la sangre y la riqueza del pueblo?

"Las clases obreras tiene el deber de enseñorearse, también ellas, de los misterios de la política internacional, de vigilar las tretas diplomáticas de sus gobiernos, de trabajar en caso de necesidad, en oposición a ellos con todo su poder y cuando sean puestas fuera de la posibilidad de estorbar la treta, de unirse en una contemporánea acusación pública y proclamar las simples leyes de la moral y del derecho, que deberían regular las relaciones de los individuos, como también las leyes superiores de las relaciones mutuas de las naciones. La Lucha por tal política exterior constituye una parte de la lucha general por la emancipación de las clases trabajadoras. **Proletariados de todos los países, ¡Uníos!**"

La formación y el llamado de la Internacional de los Trabajadores, igualmente denominada *Primera Internacional* es un hecho, incluso, en septiembre de 1866, llevan a cabo su primer congreso en Ginebra, Suiza, con 60 delegados, pero también es cierto que, al crecer la asociación, se multiplican el trabajo y las asambleas en Londres, además de las voces disidentes en contra de Karl, pero sin que éstas tengan realmente argumentos de fuerza o solidez para rebatirlo, pero que causan una enorme inquietud en él.

En esta asociación obrera caben todas las tendencias y posiciones, ganando en diversidad pero perdiendo en unidad y aunque logran llevar a cabo varios congresos, el mencionado en Ginebra de 1866; Lausana en 1867; Bruselas en 1868; Basilea en 1869 y aunque el de París se cancela en 1870 por la guerra entre Francia y Prusia, logran reunirse en 1872, por última vez, en La Haya. Están destinados a la desintegración y a la desaparición como representante de los obreros europeos, porque ni hablar de los del continente americano, quienes siguieron rumbos diferentes.

Se afilia a la Asociación la fuerte y numerosa *Trade Unions* quien sigue un programa de conquistas llamadas positivas e inmediatas, muy lejos de coincidir con el ideal de Marx, incluso, se adhieren algunas sociedades españolas y alemanas, estás últimas después de dudarlo durante mucho tiempo. Pero destacan los aliados de Robert Owen y los mismos mazzinianos, quienes, antes de retirarse de la agrupación obrera, nombran a Wolff como su delegado, recibiendo un comentario sarcástico de Karl: "Parece que el señor Mazzini se ha persuadido que él tiene quizá necesidad de nosotros, mientras que nosotros nos burlamos de él", provocando que estos fanáticos italianos se retiren de la asociación.

Desde luego que al haber tal diversidad se ideas, después de la salida de los mazzinianos, lo hacen los llamados "blanquistas" quienes forman un nuevo grupo al cual llaman *La Comuna Revolucionaria*, declarando tres principios básicos: son ateos, comunistas y revolucionarios, siendo criticados por Marx, ya que comenta que quieren alcanzar su destino, la sociedad del futuro, sin detenerse cuidadosamente en las estaciones intermedias, por medio de una terrible revolución que tendrá el sentido de un "desquite de la Comuna".

Así, la *Internacional de los Trabajadores* se convierte en una Torre de Babel en la cual, cada quien habla un idioma diferente; unos se inclinan hacia la intransigencia absoluta, otros al reformismo y algunos más a la democracia gradual, otros creen que el movimiento obrero debe tener un carácter nacional, sobreestimando el concepto de patria; los contrarios afirman que este concepto es un residuo de la mentalidad burguesa, que la salvación es el cooperativismo o la socialización de los medios de producción por parte del Estado; un anarquismo individualista o federalista o, ¿por qué no?, filantropista.

La guerra afecta a la Internacional

Cuando todo está preparado para llevar a cabo su congreso en la ciudad de París, Francia y en Alemania inician una guerra que canceló toda posibilidad de reunión, por lo que los miembros parisienses de la agrupación obrera publican en el *Despertador* un manifiesto en el que expresan su solidaridad con los obreros alemanes para que no se dividan en una batalla que no es de ellos, aunque no todos estén de acuerdo con este concepto para evitar una división profunda en la *Internacional*, Marx da a conocer el *Manifiesto del Consejo General de la Internacional*.

Karl empieza su exposición censurando la belicosidad de Luis Bonaparte para continuar diciendo: "Del lado alemán, la guerra es defensiva. Con este motivo es cierto que si la clase de los trabajadores alemanes permite quitar a la guerra actual su carácter puramente defensivo y degenerar en una gran guerra contra el pueblo francés, tanto una victoria como una derrota serían desastrosas.

"Toda desgracia, que ha llovido sobre Alemania después de las así llamadas guerras de la independencia, resurgirá con acrecentada violencia. Más los principios fundamentales de la *Internacional* están demasiado profundamente arraigados entre las clases obreras alemanas para que debamos nosotros temer un éxito tan funesto.

"La alianza de los trabajadores de todos los países logrará por último extirpar la guerra... En antítesis a la vieja sociedad con su miseria económica y con su furor político, está por surgir una nueva sociedad, cuyo principio internacional será la paz, porque en cada nación domina idéntico principio, el trabajo. Quien ha abierto el camino a esta nueva sociedad es la Asociación Internacional de los Trabajadores".

Y aunque la victoria corresponde a los germanos, Marx los incita a no vanagloriarse por ello ni a cometer rapiña en territorio francés indicándoles que solamente les quedan dos caminos a seguir: convertirse en servidores de Rusia o prepararse a otra guerra *defensiva* contra razas aliadas de eslavos y latinos. Y esta llamada guerra defensiva, que no es un invento de los presidentes de Estados Unidos del siglo XX y XXI para invadir otros países sino que ha sido una constante en la mayoría de los enfrentamientos bélicos en el mundo donde uno es muy poderoso y los demás no.

El 28 de mayo de 1871, sobre las colinas de Belleville, los últimos combatientes de la *Comuna* son desbaratados, por lo que Marx escribe elogios a la gloriosa revolución de la esfinge que colocó a tan dura prueba de inteligencia a los burgueses y al grito de *¡Viva la Comuna!* Marx asegura que: "No debe solamente dejar aparte la forma monárquica de la clase dominadora, sino el mismo dominio de clase. La *Comuna* es la forma enérgica de ésta república. Solamente aquel mono de Thiers*, quien por cierto tiempo pudo desahogar libremente sus caprichos de tigre; solamente el viejo mundo de Versalles, la gusanera de todo el difunto régimen; solamente tales canallas pueden insultar las glorias de la *Comuna*.

La *Comuna* representa la supresión de la milicia permanente, reemplazándola por el pueblo armado, menospreciando al ejército y a la burocracia; es la expresión y el triunfo de la voluntad popular, que con el sufragio universal elige a una mayoría "naturalmente de obreros y representantes reconocidos de la clase obrera.

"También es la que apresura a romper el instrumento espiritual de opresión, el poder del sacerdote y decreta la liberación y la expropiación de todas las iglesias, por considerarlas corporaciones poseedoras; es la que tiene la gran idea de hacer elegir, como a todos los demás servidores públicos y a los empleados judiciales; en resumidas cuentas, la *Comuna* es la que sabe cumplir prodigios de valor".

El entusiasmo de Marx por la *Comuna* es tal que dice exaltado: "Simples obreros osaron por primera vez tocar el privilegio del gobierno de sus superiores naturales, los

---

* Adolphe Thiers. 1797-1877. Estadista e historiador francés; aunque es especialmente conocido por sus obras *Historia de la Revolución Francesa e Historia del Consulado y del Imperio*, su personalidad destaca en política, ya que se desempeña como Ministro del Interior, de Comercio, Obras Públicas y de Asuntos Exteriores y Jefe de Gobierno con Luis Felipe. Se opone al golpe de Estado de Napoleón Tercero en 1851, lo que le vale el destierro, aunque Napoleón se congracia con él nombrándolo historiador nacional. También se opone a la guerra de 1870 y es, después de ella, el hombre destinado a levantar a Francia del desastre. Es un gobernante enérgico por lo que reprime con dureza a la *Comuna* en 1871. Es electo presidente de la República que él ayudó a fundar, cargo del que, posteriormente, es sustituido por Mac-Mahon.

poseedores y en circunstancias de dificultad sin precedentes, desempeñaron, modesta, concienzuda y eficazmente su trabajo. Un soplo de vida nueva transformó al París licencioso del segundo imperio. París no fue más el punto de cita de latifundistas ingleses, de los ausentes irlandeses, de los americanos expropietarios de esclavos y de los terratenientes valacos (rumanos).

"No más cadáveres en la morgue, no más hurtos con rapiñas, casi no más robos; por las jornadas de febrero de 1848 las calles de París se habían vuelto seguras y todo esto sin policía alguna... Las mujercillas alegres habían recobrado las pestes de sus protectores, los desterrados de la familia, de la religión y sobre todo, de la propiedad. En su lugar retornaron a la luz las verdaderas mujeres de París, heroicas, magníficas y llenas de abnegación, como las mujeres de la antigüedad. Es el París que trabaja, que piensa, que lucha, que sangra, casi olvidadizo, en víspera de una nueva sociedad, de los caníbales que estaban a sus puertas y radiantes de entusiasmo por su histórica iniciativa".

En su entusiasmo por la rebelión de los franceses revolucionarios que defienden su patria de la invasión alemana, Karl Marx justifica todo tipo de acciones legales e ilegales, justas e injustas, vidas de unos por la muerte de otros, incluso, la matanza de setenta y cuatro rehenes, incluida la del arzobispo de París, ya que dice: "El verdadero asesino del obispo Darboy es Thiers. La *Comuna* ofreció cambiar, en muchas oportunidades al arzobispo y a un grupo entero de sacerdotes en lugar de Blanqui*, el único rehén de Thiers, quien se negó siempre tercamente. Sabía que con Blanqui habría dado a la *Comuna* una cabeza, mientras

---

* Louis Auguste Blanqui. 1805-1881. Revolucionario francés, hermano del economista Adolphe, participa en numerosas insurrecciones, sufriendo encarcelamientos y deportaciones. Acusa a Marx de condescender con la burguesía.

que el arzobispo habría servido mejor a su fines como cadáver".

Por esta reclamación de Karl a Thiers del fusilamiento de comunistas, la *Comuna* hace lo mismo con los rehenes que están en su poder y trata de justificar la agrupación exclamando: "¡Que no se crea de menoscabar las páginas de la *Comuna*, diciendo que ella quería abolir toda propiedad! Si señores, la *Comuna* ha querido abolir ese privilegio de clase, que transforma el trabajo de muchos en riqueza de pocos. Ella ha contemplado la expropiación de los expropiadores. Ella ha querido elevar la propiedad individual a una verdad, convirtiendo los medios de producción, el suelo y el capital y sobre todo, los medios de sometimiento y de explotación del trabajo, en simples instrumentos del trabajo libre y socializado.

"El París de los trabajadores, con su *Comuna*, será magnificado siempre como el glorioso heraldo de una nueva sociedad. Sus mártires tienen un lugar en el gran corazón de la clase trabajadora. A sus opresores los ha clavado ya a la picota la historia y para arrancarlos, todas las plegarias de sus sacerdotes serán inútiles". Con esta arenga, Marx justifica todas las acciones buenas y hasta malas como los delitos y locuras de la *Comuna*, cerrando así su *Manifiesto*.

Y mientras más defiende Marx a los obreros, sobre todo franceses, más espanta a los gobiernos de otros países europeos, quienes inician la caza de jornaleros que se han adherido a la asociación, provocando una huida de jornaleros e hiriendo de muerte a la *Internacional*, a pesar de ello, Karl insiste: "Después del Pentecostés de 1871, no puede haber más paz ni tregua entre los trabajadores de Francia y aquellos que se han apropiado el producto de su trabajo.

"La mano de hierro de una soldadesca asalariada puede oprimir por un cierto tiempo, en un común sometimiento, a una y otra clase. Más la lucha, temprano o tarde, debe estallar y propagarse, ni hay duda alguna sobre quien será al fin vencedor: si los pocos usurpadores o la inmensa mayoría de los que trabajan. Y los trabajadores franceses no constituyen sino la vanguardia de todo el proletariado moderno".

Desde luego que en toda Europa y América se habla de la *Internacional* pero no para bien de los trabajadores sino como un mal que crece cada vez más provocando verdadero terror entre gobernantes y burgueses, dueños de los medios de producción, es decir, de las fábricas concretamente. Es más, el Consejo General de Londres se ve obligado a defenderse hasta de la imputación de delitos vulgares; además, un gran incendio que estalla en Chicago es atribuido a la *Internacional*, respondiendo ésta, con un alto grado de ironía, que su actividad demagógica debe atribuirse del mismo modo que un huracán que ha devastado la India occidental.

A la intensa labor de los gobiernos de Europa y las cada vez más ácidas y duras defensas de Marx con la *Internacional*, hay que agregarle las batallas internas que se dan entre tradeunionistas y proudhonistas, anárquicos y marxistas y entre otros que hacen imposible el buen camino de la asociación, por lo que, al poco tiempo, los obreros de *Trade-Unions* se retiran por no coincidir con los métodos violentos y anárquicos de la *Comuna*.

Mientras tanto, el ruso Mikhail Bakunin y la *Alianza de la democracia socialista* hacen un gran esfuerzo para imprimir a la *Internacional* una directiva anárquica, que, desde luego, ni Marx ni Engels están dispuestos a permitir, por lo que la discordia llega a su punto más alto durante el congreso de La Haya, en Suiza en 1872.

Esta reunión, la última de la *Primera Internacional*, quiere controlar la dupla Karl-Friedrich y sus amigos incondicionales, recibiendo la crítica por esta actitud de los que no están de acuerdo con ellos: "La Haya, es una localidad un tanto cómoda para ingleses, franceses y alemanes, entonces favorables en su mayor parte al Consejo General, en tanto es desventajoso para italianos, suizos y españoles que simpatizan con Bakunin. Él mismo, residente en Suiza, de ningún modo puede intervenir en el congreso para defenderse personalmente contra las gravísimas acusaciones dolosamente lanzadas por Marx, porque, sea en Alemania como en Francia, por una de las cuales tendría necesariamente que pasar para llegar a La Haya, sería arrestado sin dilación. Así en La Haya, el consejo saca ventaja de los adversarios ausentes".

Desde luego que Marx vence, por lo que el ruso Mikhail Bakunin, los socialistas italianos apoyadores de éste y los anárquicos, son expulsados sin consideración alguna.

Pero la *Primera Internacional* ya está herida de muerte y Marx se encarga de darle el tiro de gracia al comprender que ya no tiene futuro y que él está extremadamente cansado, por lo que, junto con Engels, proponen que el Consejo sea llevado a Nueva York, con el pretexto de que, de otro modo, nos le será posible continuar con sus trabajos científicos, obteniendo la aprobación por un escaso margen de mayoría, más que por unanimidad por nimiedad y aunque tratan de revivirla en 1873, en Ginebra, Suiza, la verdadera tumba de la *Internacional* es en América, en Nueva York.

Importancia de la Internacional

Ésta reside en que fortaleció el sentimiento de un destino común entre trabajadores de diferentes países, proponiendo luchas concretas para mejorar la política y la economía, favoreciendo y convenciendo a la creación de una conciencia de unidad entre los partidos socialistas en los años setenta y ochenta del siglo XIX, siendo la base para llevar a cabo la *Segunda Internacional* en 1889.

Marx ya no se sumergirá en la actividad política, muy a su pesar, ya que ese es su elemento natural y en el que mejor se desempeña, pero está muy cansado y las enfermedades van minando su antes fuerte constitución física.

Su obra sobre la *Comuna*, ya reseñada, considera a la sublevación un nuevo punto de partida de importancia mundial, en la lucha de la clase obrera contra la clase capitalista y el Estado.

En este acto, Marx es el centro de ataques que, lejos de hacerlo enojar, lo llenan de júbilo, cuando hablando de él en primera y tercera persona, exclama: "El *Manifiesto* inaugural arma ruido, yo tengo el honor en este momento de ser el hombre más calumniado y amenazado de Londres y mientras trabaja para la *Internacional*, también lo hace en la obra científica de su vida y empeño: *El Capital. Crítica de la economía política*, en la cual lleva escribiendo ya más de veinte años".

Pero en estos dos periodos de intensa y hasta asfixiante actividad política y literaria, a Marx le ocurre lo mismo que durante su juventud: se propone arduas tareas que, en realidad, superan sus fuerzas, tanto físicas como mentales. En éste último aspecto, no de intensidad intelectual sino en el tamaño y tiempo de la obra, por lo que queda inconclusa en un boceto que llevará a varias generaciones, a arduas investigaciones especializadas para entender esta magna obra en toda su magnitud.

7

¿Y qué hay de la familia Marx?

Mientras tanto, Karl Marx, después de 1872, a los cincuenta y cinco años, ya se siente viejo, aunque en realidad apenas empieza su prematura vejez, las enfermedades son cada vez más diversas y molestas y aunque no es un hombre muerto, como algunos biógrafos y estudios de su tiempo así lo afirman, la verdad es que él mismo ya se siente así y más, porque la pobreza lo ataca repentina y continuamente.

Incluso, cree que es viejo a partir de los cincuenta años, cuando en 1868 Marx escribe a Engels: "Dentro de un par de días, cincuenta años. Como aquel lugarteniente que decía: 'Estoy ya desde hace 20 años en servicio y soy siempre lugarteniente', del mismo modo puedo decir yo; ¡tengo sobre la espalda medio siglo y soy aún siempre pobre! Cuánta razón tenía mi madre: ¡'Si mi pequeño Karl se hubiera hecho de un capital, en lugar de, etcétera!"

Física y mentalmente, el cuerpo robusto aunque agobiado por enfermedades y su rostro, sobre todo, han adquirido un aspecto del ser que sabe mucho, que es un sabio y erudito y que siempre está dispuesto a demostrarlo, ya sea, en reuniones familiares, sociales, políticas o con amigos y hasta enemigos, siempre dispuestos a provocar a Karl para que salga de su boca toda una andanada de conceptos, no fáciles de comprender a la primera, pero basados en lo científico, dándole una solidez equilibrada en su ciencia.

Desde que Friedrich Engels cambia su residencia a Londres en 1870, los ya de por sí fuertes lazos de amistad entre él y Marx se estrechan, dándole a Karl una tranquilidad económica de la que no ha gozado en años, ya que su amigo le ha asignado una generosa pensión, permitiendo que, cuando menos, la angustia y la miseria desaparezcan de su vida. Sobre todo, tomando en cuenta que, aunque Karl y su esposa Jenny continúan con sus enfermedades, ahora tienen el sustento monetario para tratarlas y aliviarlas.

En cuanto a las hijas del matrimonio Marx-Westphalen: Jenny y Laura, ya han contraído nupcias con socialistas franceses; Charles Longuet y Paul Lafargue respectivamente, teniendo una relación respetuosa y cordial y como consecuencia, han llegado los nietos, quienes crecen al amparo de sus padres, abuelos y Helene Demuth.

Hijo natural de Marx

Si bien, Karl pierde a sus hijos varones procreados con su esposa Jenny en plena miseria económica, un hecho de infidelidad está a punto de causar un

Helene Demuth, ama de llaves de la familia Marx y madre de Friedrick, hijo bastardo de Karl, quien nunca lo reconoce.

gravísimo problema entre el matrimonio Marx-Westphalen en los primeros años de la década de los sesenta del siglo XIX: un hijo de Karl fuera del matrimonio.

En el círculo socialista, todos sus integrantes saben y algunos hasta lo afirman, que Friedrick Demuth, conocido como Freddy, hijo de Helene, también lo es de Karl Marx, pero como sucede en estos casos, la doble moral no permite que se hable de ello, ya que les parece un hecho sumamente escandaloso como para divulgarlo masivamente, es una afrenta a la ética burguesa imperante de esa época y porque es inconcebible este acto en Karl dados los rasgos casi míticos y heroicos de alguien considerado como ídolo de masas, sobre todo del proletariado.

Por tales razones, quienes conocen muy bien el asunto de infidelidad conyugal de Karl, tratan de borrar toda evidencia y huellas de este hijo natural de Marx, por no llamarlo como lo hacen muchos, bastardo y únicamente se sabe de él porque se conserva una carta de Louise Freyberger-Kautsky, dirigida a Augusta Bebel que escapa de la destrucción, aclarando todo este bochornoso asunto.

"Sé por boca del propio General que Freddy Demuth es hijo de Marx. Tussy me importunaba tanto que se lo pregunté directamente al viejo. El General se asombraba de que Tussy siguiera aferrada tan obstinadamente a su opinión, ante lo cual me autorizó a que, en caso de necesidad, desmienta la calumnia de que Marx había negado que fuera su hijo. Recordarás que te hice esta confidencia mucho antes de la muerte del General.

"A mayor abundamiento, el General, algunos días antes de su muerte, confirmó al señor Moore que Friedrick Demuth es hijo de Karl Marx y Helene Demuth. Señor Moore viajó posteriormente a Orpington y se lo comunicó a Tussy. Esta, sin embargo, afirmó que el General mentía y que siempre había dicho que era él el padre. Moore abandonó Orpington y preguntó otra vez encarecidamente al general, pero el anciano insistió en su primitiva declara-

Laura Marx, hija segunda del matrimonio Marx-Westphalen, es quien más sospecha la infidelidad de su padre con Helene Demuth.

ción de que Freddy era hijo de Marx y comentó a Moore: *Tussy quiere convertir a su padre en un ídolo.*

"El General nos autorizó (al señor Moore, a Ludwig y a mí) a utilizar esta confidencia sólo en el caso de que se le acusara de mezquindad con Freddy; afirmó que no deseaba ver ultrajado su nombre, sobre todo porque a nadie beneficiaría. Su intervención a favor de Marx libró a este último de un grave conflicto doméstico. Además de nosotros y el señor Moore —de los hijos de Marx, Laura al menos si no llegó a conocer la historia, por lo menos la sospechaba—, Lezne y Pfänder también conocían la existencia de un hijo de Marx. Después de la publicación de las cartas de Freddy, Lessner me informó: *Freddy es con toda seguridad hermano de Tussy. Nosotros sabíamos este secreto, pero nunca pudimos averiguar dónde fue educado el muchacho.*

"Freddy es muy parecido a Marx y sólo un prejuicio ciego podría barruntar en su rostro genuinamente judío de cabellos negro-azulados cualquier parecido con el General. Yo he visto la carta que Marx escribió al General cuando éste aún vivía en Manchester, pero creo que el General la destruyó junto con otras muchas de su correspondencia.

"He aquí cuanto sé del asunto; Freddy no llegó a conocer nunca, ni por su madre, ni por el General, quien era su padre... Estoy releyendo ahora aquellas líneas de tu carta que abordan el tema. Marx siempre tuvo miedo de que su mujer, quien era terriblemente celosa, le pidiera la separación; él no quería al niño, el escándalo hubiera sido demasiado grande y no se atrevió a hacer nada por el chico".

Todo este asunto del hijo natural de Marx, por supuesto que afectó al matrimonio, porque, finalmente, son burgueses y piensan como tales y que mejor ejemplo que el de Mary Burns, la joven pareja de Engels, a quien nunca la consideran como esposa de Friedrick porque, sencillamente, no estaba casada con él y en su correspondencia, invariablemente colocan el nombre de Mary entre comillas. Siendo ellos finos observadores de la vida privada de los demás, es curioso conocer que el matrimonio Marx-Westphalen traten por todos lados de mantener este secreto, para guardar las falsas apariencias de las que tanto se queja Karl durante toda su vida conyugal.

Desde luego que este hecho no cambia en nada la obra pública de Marx y que, probablemente, para evitar mayores disgustos y problemas con Jenny, Karl haya decidido no hacerse cargo de Freddy, a pesar de desear con todo su corazón que en lugar de hijas hubiera tenido hijos, ya que, como se apunta líneas arriba, sus propios vástagos mueren demasiado pronto y Friedrick Demuth tiene una vida mucho más larga que la de sus medios hermanos.

Das Kapital

El Capital (en alemán, *Das Kapital*), principal obra teórica de Karl Heinrich Marx, pasa a formar parte del doctrinario marxista en sus argumentaciones de tipo económico y que marca un hito en la historia de la economía, por decir lo menos.

El proceso de redacción y edición de *El Capital* es complejo. Marx comienza a escribir esta obra en 1862. Su primera intención es desarrollar un profundo análisis explicativo de los conceptos de capital y capitalismo. Con ello, continua un proyecto iniciado en *Contribución a la Crítica de la Economía Política* y *Fundamentos de la Crítica de la Economía Política*, las dos de 1859.

Como se aprecia, *El Capital* no es una obra improvisada ni nada que se le parezca, sino la más avanzada y pulida de toda su existencia, ya que, aún cuando se publica el primer tomo en vida de Karl, ya tiene delineados los dos restantes, dividiendo sus volúmenes a la *Producción, Circulación* y el último a la *Distribución*.

Es pertinente hacer la siguiente aclaración para no brincar la historia: a excepción de la primera parte: *El desarrollo de la producción capitalista*, publicada en 1867, en Hamburgo, el resto de la obra es editada tras la muerte de su autor. Ello se debe a que Marx continuó la redacción de *El capital* en forma de apuntes y anotaciones, hasta 1883, año de su fallecimiento.

Desde luego que su más cercano colaborador es Friedrich Engels quien, a partir de aquellos borradores, puede publicar de forma póstuma la segunda parte: *El proceso de circulación del capital*, en 1885 y la tercera: *El proceso de conjunto de la producción capitalista,* en 1894. Más tarde, el político alemán Karl Kautsky publicará: *Teorías sobre la plusvalía* en cuatro volúmenes entre 1905 y 1910, a partir de manuscritos de Marx que estaban llamados a conformar la cuarta parte de la obra.

En *El Capital*, Marx analiza los orígenes del capitalismo desde su más profunda esencia y los resortes y mecanismos económicos y sociales que genera y reproduce históricamente. Intenta justificar y proporcionar argumentos para la revolución, concepto que ya había desarrollado y defendido en su obra *El Manifiesto Comunista* de 1848. Para lograr este objeto, fundamenta su estudio en la búsqueda de las intrínsecas contradicciones del modo de producción capitalista, las cuales encuentra a la luz de los conceptos de mercancía, valor, fuerza de trabajo, salario y plusvalía.

Llega a la conclusión de que los trabajadores, cuya única forma de subsistencia es la venta de su fuerza de trabajo, generan en la producción de cada mercancía un aumento del valor de ésta, no incluido en el precio pagado por su trabajo, es decir, en su salario. En ese incremento de valor que el proletariado añade a las mercancías producidas con su trabajo se encuentra el fundamento de los cada vez mayores beneficios de la clase capitalista.

Pero es preciso y pertinente ir por partes, en el primer tomo de *El Capital* uno de los biógrafos más serios de Karl Marx, Franz Mehring, comenta respecto de esta primera parte de la considerada obra cumbre de Marx: "Durante la lectura del primer volumen de *El Capital*, no traspasamos los umbrales del taller en que tiene su sede el trabajo: la fábrica, la mina o la explotación agrícola moderna... Y al cerrar el libro, vemos desfilar claramente ante nuestros ojos, los orígenes diarios de la ganancia e iluminarse hasta en sus abismos más recónditos todo el mecanismo de la explotación.

"Delante de nosotros se alzan montañas de mercancía de todo género, reciben salidas del taller, húmedas todavía del sudor del obrero y en todas ellas nuestra mirada, aguzada por la lectura, distingue ya nítidamente la parte de valor que proviene del trabajo no retribuido del proletariado y que, con los mismos títulos legales que la mercancía toda, va a parar a manos del capitalista. Las raíces de la explotación se nos presentan aquí precisas y evidentes".

El contenido básico de este primer tomo de *El Capital*, estudia las relaciones de producción capitalistas, las relaciones de explotación del trabajo asalariado por el capital. También desarrolla el análisis de cómo se produce, en el proceso de la producción mercantil, la transformación del dinero en capital; el paso de la producción mercantil simple a la capitalista, cuyo fundamento único es la explotación del trabajo asalariado.

Es un desarrollo de la producción mercantil tal, que la misma fuerza de trabajo, es decir, *la capacidad del hombre para trabajar*, se convierte en mercancía. En este punto, Karl da un enorme paso al desempeñar un papel de vanguardia, al descubrir el secreto del trabajo no pagado, la teoría científica de la *plusvalía*, que es el valor creado por el trabajo no pagado al obrero y del que se apropia el capitalista, sobre todo, tomando en cuenta que los burgueses nunca pudieron explicar el origen de la plusvalía y su verdadera naturaleza.

Marx descubre y afirma que la mercancía que vende el obrero y compra el capitalista, es la fuerza de trabajo y NO el trabajo, como se afirmaba hasta antes de que él lo precisara dando la clave para una explicación clara y profunda del mecanismo interno y preciso de la explotación capitalista.

La importancia real de este primer tomo de *El Capital* es que es el único terminado y revisado por Karl Marx, los otros dos son producto de la revisión minuciosa de apuntes y bocetos que su eterno amigo, Friedrick Engels, quien recopila y publica después de la muerte de Marx. Desde luego que los otros dos tomos tienen una importancia enorme, dado que, efectivamente, el único que puede darle el sentido, orientación y precisión que Marx quería a su obra cumbre, es su inseparable e insuperable en amistad, Engels.

Pero no es una tarea fácil, ya que una parte considerada esencial queda sin elaborar tras la muerte de Karl Heinrich, acumulada en montañas de páginas con las que Friedrick debe y tiene que hacer algo para que ese conocimiento, producto de muchos y arduos años de trabajo, no se quede sin salir a la luz pública, está claro que al observar tal cantidad de escritos, Engels tornará su rostro en uno pálido por la preocupación de poner en orden aquel caos de información, sobre todo, teniendo la afirmación de Karl, errónea desde luego, de que el trabajo estaba terminado y listo para su publicación.

Friedrick dedica muchas horas, días, semanas, meses y hasta años en ordenar toda la información, por lo que es hasta 1885 cuando publica el segundo volumen de *El Capital* y solamente después de nueve años puede hacer lo mismo con el tercero.

El tomo dos de esta obra, se dedica a la circulación, siguiendo los pasos del capital entre la fábrica y el mercado y entre la producción y el consumo. Si en la fábrica el dueño tiene el poder y hace imperar la organización, la disciplina y la centralización rigurosa, cuando se pasa al mercado se ingresa en la anarquía más refinada, es cuando el capitalista se da cuenta de hasta qué grado depende de los demás, de los que integran el amplio espectro social.

Tiene que circular su mercancía, venderla, recibir dinero a cambio para volver a iniciar el ciclo de compra de edificios, maquinarias, materias primas y auxiliares. Marx estudia la circulación de las tres principales formas del capital: dinero, productivo y comercial, analizándolas individualmente y en conjunto, descubriendo las profundas contradicciones que permanecen en el movimiento del capital y explicando porque todo el capital social está sometido a constantes crisis, generales o parciales, así como los importantes cambios en los valores y precios que sufren las mercancías.

La parte medular de este segundo tomo, es la investigación de las condiciones de reproducción del capital en su conjunto, a escala social. Karl hace la indicación que en su forma natural, todo conjunto de las mercancías forman el producto anual de la sociedad, dividida en dos grandes rubros: medios de producción y medios de consumo. Reviste enorme importancia este hecho, no solamente para la producción y reproducción capitalista, sino para cualquier tipo de sociedad, ya que, expresado en su forma-valor, determina las proporciones del intercambio entre las dos secciones.

Marx culmina su análisis en el tomo tres de *El Capital*, del modo capitalista de producción, asegurando que el proceso de producción y circulación son una unidad indivisible, habiendo una lucha constante entre la industria, el transporte, el agro, comercio y banca para tener un lugar donde obtener la mejor plusvalía extraída completamente del obrero.

También da luz al proceso de cómo el valor de las mercancías se transforma en precio de mercado, cómo la plusvalía creada por el obrero sufre su conversión en ganancia de los capitalistas, misma que es dividida entre financieros de diferentes sectores. También muestra cómo se forma la ganancia media con respecto al capital total y la proporción entre el capital constante: compuesto por edificios, maquinaria, materias primas y auxiliares y capital variable: como lo son los salarios.

Marx advierte que, a medida que avanza el capitalismo, desciende la norma de la ganancia, por el ascenso de la composición orgánica del capital, expuesta líneas arriba. Además, explica extensamente la existencia de circunstancias que tienden a contrarrestar esa ley tendencial, como lo son el aumento del grado de explotación del trabajo, el del comercio exterior, la exportación de capital a colonias donde la mano de obra es más barata, el menor costo de los elementos del capital constante y la desocupación parcial o total.

Aunque este tercer tomo de *El Capital* abarca otros puntos igualmente importantes, es pertinente aclarar que en él, Karl resuelve una gran incógnita y problema: ¿quién se queda con las ganancias? Ya que son varios poderosos del dinero que reclaman esta ganancia: industriales, comerciantes, capitalistas y hasta terratenientes y que es expuesto con amplitud en esta magna obra del filósofo alemán.

También es pertinente aclarar que el presente libro biográfico es una obra sobre la vida de Karl Heinrich Marx y no sobre sus libros y escritos periodísticos, mismos que pueden ser consultados en librerías y bibliotecas porque hay publicaciones de todas ellas, aquí, solamente se han tratado en su forma más superficial y somera para tener una idea de los porqué han causado tanta polémica, miedo, odio y esperanza en las clases sociales de todo el mundo y de todas las culturas de los siglos XIX, XX y XXI.

Una cuestión queda clara en los tres tomos de *El Capital*, que Marx, con su investigación del proceso de desarrollo en su conjunto, demuestra la necesidad de la revolución socialista con todas las consecuencias que la palabra *revolución* implica, desde cambios fuertes y drásticos pero pacíficos, hasta movimientos armados de masas, principalmente del proletariado, pero que la historia demostrará más tarde que la primer revolución del siglo XX, es la mexicana en 1910, pero fue en esencia campesina, solamente hasta la rusa de 1917 puede decirse que fue del proletariado.

8
Últimos años en la vida de Marx

Karl Marx, durante toda su vida desde que empiezan a ser publicados sus artículos y colaboraciones, se queja amargamente de lo que él llama "conjura del silencio" a la que, irremediablemente estaban destinadas sus ideas, pero a partir de la edición de *El Capital*, su nombre es citado con mucha frecuencia en los cerrados círculos científicos, económicos, políticos y sociales, incluso, porque su obra máxima ya está en su segunda edición en alemán y ya hay traducciones al francés y ruso.

Los periódicos socialistas le dedican extensos reportajes logrando que su nombre sea conocido entre los que él siempre deseó, los obreros, el proletariado como los nombra en sus obras, aunque lamentablemente para él, su importante labor será reconocida mundialmente después de su muerte, Karl Heinrich continúa trabajando incansablemente, a pesar de sus numerosos males, en la acumulación de conocimientos, aunque en realidad no piensa utilizarlos en algún asunto en especial, pero son una base de datos importantísima que refrescan y mantienen activa su privilegiada memoria, por lo que lleva a cabo una exhaustiva cronología sobre historia universal a partir de la obra de Schlosser.

También resume con mucho cuidado y atención algunas obras escritas sobre agronomía, química, geología, prehistoria y los combina con los bancarios y monetarios, sin descuidar las matemáticas. Emprende el aprendizaje del idioma ruso para leer con exactitud las estadísticas de ese país, que tanto lo atraen. Se da tiempo para escribir la *Crítica del Programa de Gotha* entre otros trabajos y la indispensable colaboración con Engels para la terminación del *Anti-Dühring*.

No descuida el contacto permanente con amigos de muchos países europeos y americanos a quienes da consejos en muchos de los aspectos en los que es consultado y puede afirmarse que su fama ya ha traspasado la barrera de los idiomas, ideas y creencias de cada país que lo conocen a él y a su obra.

Un duro golpe para Marx: inicia el viaje del no retorno

Karl disfruta de su fama y de su familia en toda la extensión de la palabra, lamentablemente, el 2 de diciembre de 1881, Jenny, esposa de Marx fallece, causándole un durísimo golpe moral y sentimental del que ya no sólo no se repondrá sino que su salud se verá gravemente afectada, tanto, que él mismo sabe que muy pronto se reunirá con su adorada Jenny en algún lugar fuera de este mundo.

Marx le dice a su amigo de siempre: "He salido de mi últi-

La hermosa baronesa de Westphalen, Jenny, fallece dos años antes que su esposo Karl, provocándole mucho dolor que le será muy difícil soportarlo.

ma dolencia con una doble mutilación, la moral por la muerte de mi esposa y la física, porque me ha quedado una inflamación de la pleura y una mayor sensibilidad del árbol traqueal. Aún me costará algún tiempo reconstruir mi maltrecha salud". Aunque esto no es más que un deseo dicho casi inconscientemente, sin embargo, Karl decide visitar algunos países para aliviar su sufrimiento y viaja hasta Francia, Argel y Suiza durante 1882, estando en su casa solamente algunas semanas, mientras repone fuerzas para iniciar su siguiente viaje que le llevará varios meses de su vida.

Pero las fuerzas físicas y mentales empiezan a deteriorarse y él lo sabe, por lo que, cuando le escribe a Friedrick el 31 de marzo de 1882, describe su dolor y estado minuciosamente, como un corolario a una vida llena de pasión, amor, discusión, peregrinación, estudio y análisis para entender las ciencias que él considera más importantes: Filosofía, Historia, Economía, Sociología en su aspecto temprano, Matemáticas y otras, a las que les ha dedicado el tiempo suficiente como para dominar sus aspectos más importantes y trascendentales e ir más allá de un simple trabajo de escolar, que tanto repudia en él y en los demás durante toda su vida.

En esa carta (y otras de diferentes fechas), Marx le

Última fotografía de Karl Heinrich Marx tomada en abril de 1882, en un viaje a Argel.

dice a Engels: "Mi señor, a ti y a otros miembros de la familia, les extrañarán mis errores ortográficos y mi incorrecta gramática; incluso a mí —que me disperso con facilidad— me extraña *post festum*. Como verás, todavía resuena en mis oídos aquello de *Mente sana en cuerpo sano*". El 20 de mayo de 1882, se queja amarga y resignadamente: "¡Qué inútil y vano es este querido camino de la vida!"

Soporta una última muerte dolorosa

Karl Marx todavía tiene que soportar un dolor muy fuerte que será el golpe definitivo para su propio fallecimiento; su hija Jenny, la esposa de Charles Longuet, muere repentinamente el 11 de enero de 1883 y aunque él siempre quiso tener solamente hijos varones, esto no es motivo suficiente como para que el filósofo alemán no amará profundamente a sus hijas.

Karl cae presa de los inmensos dolores físicos, orgánicos y sentimentales durante varias semanas después de la muerte de su hija Jenny, hasta que el 14 de marzo de 1883 a las 14:00 horas, en su casa señorial de Londres, un joven

Jenny Marx-Longuet, esposa de Charles, también muere antes que su padre, causándole un último gran sufrimiento.

anciano de poco menos de 65 años, de espesa y blanca barba, sentando en un sillón, reclina la frente sobre el pecho para siempre: es el momento preciso en que fallece Karl Heinrich Marx, causando una tremenda conmoción en Europa y sorpresa en otros continentes como América y por primera vez, figurativamente desde luego, los *¡Proletariados de todo el mundo están unidos!*" en torno a su desaparición física, pero que traspasará el tiempo y su circunstancia para situarse al lado de grandes pensadores que han dado luz a la humanidad y han facilitado, con su esfuerzo, el avance escabroso de las sociedades que componen la parte viva de todo ser viviente.

Ese mismo día, Friedrick, el amigo, el hermano solidario de Marx, comenta totalmente abatido a Liebknecht, un conocido socialista alemán "Lamento la espantosa pérdida que ha sufrido el partido socialista revolucionario europeo. El más grande cerebro de la segunda mitad del siglo XIX ha dejado de pensar...

"Aunque esta tarde lo había visto yo mismo en su lecho con la rigidez cadavérica en el rostro, no puedo creer por eso que esta cabeza genial deba haber terminado de fecundar con sus ideas poderosas, el movimiento proletario de los dos mundos. Lo que todos nosotros somos, lo somos por su mérito y lo que el movimiento actualmente es, se lo debe a su actividad teórica y práctica. Sin él yaceremos siempre en el desorden de la confusión".

Como sucede con muchos reformadores en la historia, Karl Marx no goza en vida de la preferencia del proletariado sino hasta que fallece, cuando se incrusta en el corazón de los obreros y su nombre es sinónimo del grito de guerra de los desprotegidos, de los miserables, de los explotados, del proletariado, de los obreros de todos aquellos que sienten que sus esfuerzos laborales no les son reconocidos en la misma medida en sus salarios.

Por su parte, la hija de Karl, Eleanor, su querida "Tussy", comenta sobre su padre, utilizando palabras de William

Shakespeare: "Todo en él se armonizaba de tal suerte que la naturaleza podía erguirse y decir al mundo:'¡Éste era un hombre!" y este elogio es repetido insistentemente en muchos idiomas y en muchos países, llegando a ser adorado, situación con la que, con seguridad, Marx no estaría de acuerdo, sino solamente en la discusión de las ideas y la búsqueda de la verdad a través del único camino posible, el de la razón, esa fue, es y será su dialéctica preferida.

Desde luego que también hay retractores de las obras e ideas de Karl Marx pero que no tuvieron el valor para hacerlo públicamente y en vida del Doctor en Filosofía y tener la respuesta documentada, cimentada en la razón y siempre dispuesto a recibir otros cuestionamientos, pero con base científica y con la verdad en la mano, de otra forma, las contestaciones de Marx siempre fueron certeras, directas y definitivamente mordaces cuando la ocasión lo ameritaba.

Regresando a la pérdida física de Karl, el mismo Engels comenta a sus amigos sobre la enfermedad y la forma digna de morir de su inseparable amigo y hermano; "La ciencia médica hubiera podido quizá procurarle durante algunos años, una existencia vegetativa, una vida de hombre completamente desvalido, apagándose lentamente por un triunfo de los médicos.

"Pero Marx, nuestro Marx, nunca lo hubiera soportado. Vivir con tantos trabajos inconclusos ante su vista, carcomido por el deseo de Tántalo de darles fin y viendo la imposibilidad de hacerlo, le hubiera resultado infinitamente más amargo que la muerte que le sorprendió con pasos suaves.

"La muerte no es una desgracia para el que muere, sino para el que sobrevive, gustaba de decir con Epicuro. Pero ver a este hombre poderoso y genial arruinado por completo, simplemente vegetando para gloria de la medicina y burla de los filisteos, no y mil veces no. Mejor que haya sido como ha sido...".

Principales obras de Karl Marx

Este es un resumen de las principales obras de Karl Marx que marcan el rumbo de su vida, la de sus familiares, sus escasos amigos y muchos enemigos.

1841. Resalta la diferencia entre filosofías de la naturaleza de Demócrito y Epicuro en su tesis doctoral en la universidad de Berlín.

1844. Manuscritos Económico-Filosóficos.

1845. *La Sagrada Familia,* escrita en colaboración con Friedrich Engels contra Bruno Bauer y la denominada izquierda hegeliana.

1845-1846. *La Ideología Alemana.* Primera exposición de la concepción materialista de la historia: También escrita en colaboración con Engels.

1847. *Miseria de la Filosofía.* Para refutar las tesis de Pierre Joseph Proudhon.

1848. *Manifiesto Comunista.* Nuevamente en colaboración con Engels.

1852. *El 18 Brumario de Luis Bonaparte.* Ensayo histórico-político sobre el golpe de Estado acaecido en Francia el martes 2 de diciembre de 1851.

1859. *Crítica de la Economía Política.*

1867. *El Capital.* En su primer volumen y en vida de Marx.

1885 y 1894. Los volúmenes II y III respectivamente, son editados y publicados por Engels, con carácter póstumo.

1871. *La Guerra Civil en Francia.* Análisis de la experiencia de la *Comuna* de París.

1875. *Crítica del Programa de Gotha.* Publicada por Engels, con carácter póstumo, en 1891.

Libros de consulta

Biblioteca de Consulta Microsoft® Encarta® 2002. © 1993-2001 Microsoft Corporation.

Blumenberg, Werner. *Marx*. Salvar Editores, S. A. España, 1884.

Diccionario Enciclopédico Vox Lexis 22. Círculo de Lectores, S. A. España, 1977.

Lebedinsky, Mauricio. *Carlos Marx*. Editorial Cartago. México, 1983.

Los porqués del cuerpo humano. Editado por Reader's Digest México, S. A. de C. V. 1986.

Olgiati, Francisco. *Carlos Marx*. Editorial Difusión. Argentina, 1950.

Títulos de esta colección

Adolfo Hitler
Agustín de Iturbide
Alejandro Graham Bell
Alejandro Magno
Antonio López de Santa Anna
Beethoven
Benito Mussolini
Buda
César Borgia
Charles Chaplin
Conde Cagliostro
Confucio
Cristóbal Colón
Dante Alighieri
Diana de Gales
Emiliano Zapata
Ernest Hemingway
Ernesto Che Guevara
Federico Nietzsche
Gandhi
Hernán Cortés
Jesús
John F. Kennedy
Joseph Fouché
Juan Diego
Juan XXIII
Juana la Loca
Julio César
Karl H. Marx
Leonardo Da Vinci
Lucrecia Borgia
Mahoma
Marco Polo
María Antonieta
María Tudor
Marilyn Monroe
Miguel Ángel
Mozart
Napoleón
Pancho Villa
Pitágoras
Porfirio Díaz
Rasputín
San Francisco de Asís
Sigmund Freud
Sor Juana Inés de la Cruz
William Shakespeare